Madame Hulo Guillabert

Activiste du Panafricanisme
Conférencière, promotrice culturelle
Ecrivain et éditrice-militante

Éditions DIASPORAS NOIRES
www.diasporas-noires.com

ISBN version numérique : 9791091999731
ISBN version imprimée : 9791091999748
Date de publication numérique : 7 janvier 2017

Hulo Guillabert

PRENEZ LE POUVOIR !

Message aux Jeunes

Éveil de conscience

Avis aux Lecteurs

Dans cet ouvrage ; il y a beaucoup de citations et extraits d'articles afin de permettre aux jeunes de découvrir des écrivains panafricanistes ou des conférenciers émérites, leur auteur est signalé à chaque fois sauf erreur et le texte est en italique… Si une erreur s'est glissée malgré tout, soit pour l'attribution d'un texte, soit par l'absence d'attribution à son véritable auteur, je vous prie de m'en excuser, l'erreur est humaine… Ce livre étant un livre numérique, l'erreur pourra être corrigée rapidement si elle nous est signalée.
Merci pour votre compréhension.

Hulo Guillabert

DEDICACES

JE DÉDIE CE LIVRE

À ma Rokhaya, si lumineuse et généreuse, qui vient de partir.

À vous tous, magnifiques JEUNES PANAFRICANISTES ENGAGÉS qui veniez à mes conférences avec une grande soif de savoir, de comprendre et une grande détermination de faire votre part pour la libération de Mama Africa !

Je vous dis avec force « Prenez le pouvoir, prenez VOTRE pouvoir ! »

D'abord le pouvoir sur vous-même spirituellement et intellectuellement, le pouvoir sur votre espace vital, sur votre environnement, le pouvoir sur votre destin personnel, le pouvoir sur le destin commun du peuple de Katiopa (L'Afrique Kama et sa diaspora mondiale) !

Je pense particulièrement à des jeunes que j'admire et qui me confortent chaque jour dans ma grande espérance en vous, je pense à Bara Alamine (un jeune considérablement éveillé, qui m'a suivie partout pour faire des photos et des vidéos refusant que je lui donne le prix de son transport), Marième panafricaniste très active, la plus assidue à mes conférences, Alassane (le plus déterminé que je connaisse, organisateur de la grande marche pour les États-Unis d'Afrique et contre le franc cfa en 2016, et qui m'a demandé un jour de le former à l'idéologie panafricaniste), Mouslé (une jeune femme déterminée au beau teint noir, d'une intelligence rare), Ousseynou, Usman (de vrais jeunes leaders), Aliou, Niassy (qui sont si conscients qu'on croirait qu'ils le sont depuis tout petits), Mamadou Bailo, Modou (qui vivent et respirent panafricain à chaque instant de leur vie), Béni mon petit frère depuis 2011, militant spirituel de la première heure et qui sans m'avoir jamais vue, m'a un jour envoyé de l'argent sur son maigre salaire pour que je puisse me payer une assistante disait-il, ce geste m'avait fait pleurer et rire…

Je salue respectueusement un militant hors pair, un guerrier devrais-je dire, Guy Marius, fervent militant anti-*ape*, prisonnier politique 3 fois en 2016, qui consent beaucoup de sacrifices pour cette noble cause.

Je pense également à un jeune, très éveillé spirituellement, à la limite visionnaire, et qui ne cesse de déconstruire les mensonges et de dénoncer l'*allienation*, cette Personne se reconnaîtra !

Je ne peux tous vous citer malheureusement donc je dédie ce livre à la cohorte de jeunes kemites panafricanistes de tous pays, les Fary, Pape, Claude, Farida, Mamoushka, Modestine Carole, Thierry, investissant les réseaux sociaux, la rue, les associations et mouvements panafricains, infatigablement, ils sont pléthore, ils sont légion, des jeunes pleins de véhémence et de conviction, d'intelligence, de fierté d'être Africains et qui conscientisent à tour de bras sur tous les sujets, chapeau à vous tous, je vous aime et vous admire !

Bien sûr, là je ne parle que des jeunes panafricanistes car c'est le sujet du livre, mais des personnes moins jeunes, ou d'un certain âge comme moi, il y en a aussi beaucoup qui font ce travail, notre génération et la génération intermédiaire ne sont pas en reste, heureusement !

Ils sont si nombreux !

Mention spéciale au meilleur d'entre nous, mon petit frère si aimant et affectueux, que je surnomme le Sphinx, Kemi Seba, que l'*oxydent* a voulu enterrer sans savoir qu'il était une graine ! Et malgré toutes les horreurs qu'on raconte sur lui pour le diaboliser (raciste, fasciste, etc…), maintenant il a germé sur la Terre Mère, a évolué et grandi dans le bon sens du terme et ses hautes branches tutoient le ciel fièrement, ses célestes feuilles s'envolent aux 4 coins de la planète… Son dernier livre *Obscure Epoque* prône l'antiracisme (eh oui !) et incite tous les Etres Humains à se liguer contre l'oligarchie *Oxydentale.*

Et je veux rendre aussi hommage à plusieurs femmes valeureuses, des gardiennes du temple, certainement prêtresses dans l'Égypte Antique en d'autres temps (tout comme moi, rires) ces femmes qui impulsent, veillent au grain spirituel et politique, et diffusent inlassablement l'Énergie Féminine d'Amour pour changer ce monde, Mylène, Isis, Fatime, Patricia, Coumba, Marie-Pierre, Aisha, etc… Et dont l'engagement et la solidarité jouent beaucoup dans ma vitalité et mon courage. Merci à vous d'être là !

D'autre part, ces personnalités panafricanistes militantes (historiens, ethnologues, traditionalistes, écrivains, cinéastes, journalistes, etc…) comme Jean Philippe Omotunde, Jean-Charles Coovi Gomez, Lascony Nysymb, Aminata Dramane Traoré, Ama Mazama, Molefi Kete Asante, Ousmane William Mbaye, Ndukur Kacc Ndao, Boubacar Boris Diop, Jean-Paul Pougala, Modibo Fakoli Doumbia, Sira-Missa Doumbia, Amadou Elimane Kane, Felwine Sarr, Demba Moussa Dembélé, Ndongo Samba Sylla, Adama Gaye, je ne peux tous les citer, ont toute mon admiration et mon estime. Merci pour tout ce qu'ils transmettent comme informations capitales, chacun dans leur domaine, pour faire évoluer l'Afrique vers un autre paradigme !

Je cite tous ces noms afin que vous les jeunes, vous puissiez aller puiser dans leur immense savoir, les rechercher sur Internet, lire leurs livres, découvrir leurs conférences, vidéos, films !

Et bien que je sache qu'ils ne pourront peut-être jamais me lire, je veux aussi dédier ce livre à tous les petits mendiants qui sont dans

les rues des villes, au Sénégal et partout en Afrique, ces enfants déguenillés, recouverts de plaies et de maladies, sales, affamés, à la merci de toutes les prédations, je prie pour qu'ils sortent indemnes de cette vie que le mauvais sort et la négligence de notre société leur ont offerte comme un cadeau empoisonné et qu'ils puissent devenir un jour des adultes responsables, car ils sont aussi notre avenir ! Sachez que Le Collectif DOYNA STOP à la Mendicité des Enfants, continuera de réclamer haut et fort votre retrait définitif de la rue, il continuera jusqu'au dernier !
Hommage à mes compagnons de lutte de ce collectif et merci à eux pour leur ténacité et pugnacité.

Quelqu'un a dit : « *Face au danger, le poltron s'enfuit, les lâches se cachent, et les braves l'affrontent....* »

Mama Africa est fière de votre bravoure !

RÉPONSES DE JEUNES À LA DÉDICACE

Je reprends ici sans rien changer les réponses de jeunes qui ont su que je les avais cités dans cette dédicace.

***

« Je suis Alassane Ba, l'initiateur et l'organisateur de la Grande Marche pour les États Unis d'Afrique du 23 Avril 2016 contre le fcfa et pour la fédération des États Africains qui a eu lieu simultanément à Dakar et dans plusieurs capitales africaines. Nous tenons à vous remercier Maman Africa pour votre soutien moral et physique à cet événement. S'il a eu ce succès considérable c'est grâce au rôle important que vous y avez joué.

Le pouvoir est jeunesse et nous le prendrons, et gouverner restera pouvoir. Merci maman, pour cette lumière que vous venez de souffler sur notre chemin. Cet encouragement de type légendaire ne nous surprend guère, car ayant longtemps lu vos écrits et assisté à vos conférences, nous avons toujours senti l'espoir et la confiance que vous avez en nous. Je me rappelle, lorsque j'ai parlé de la Grande Marche pour les États-Unis d'Afrique, mille mots et mille gestes décourageants ont jailli de partout, mais vous étiez là à nos côtés, et vous nous aviez donné beaucoup d'énergie, nous vous en serons toujours reconnaissants.

L'exactitude de la réponse que vous avez sur ce que d'aucuns disaient "tout ce qui se fera sans la jeunesse se fera contre elle" nous montre combien votre niveau de vibration est de loin en avance sur celui de tant d'hommes et de femmes de votre génération. Maman ! Nous en sommes fiers et nous nous en réjouissons.

Nous avons compris que le changement est une évolution, c'est une révolution et c'est de l'innovation. Dans ce sens, sous cette allure du nouvel ordre mondial, l'Unité Africaine ou la fédération des États Africains restera incontournable.

Pour les Africains et le reste du monde, nous devons comprendre que la question c'est le BIEN-ÊTRE comme il est au début et à la fin de toute organisation humaine.

Au-delà de la sécurité alimentaire, culturelle et les droits de l'homme, l'unité africaine sera un résultat d'une nouvelle maturité de l'humanité par une simple acceptation de laisser le continent répondre aux lois incontournables qu'a dessinées l'Histoire.

Dans l'organisation des États, la liberté s'acquiert par la lutte entre les hommes et l'indépendance par la domination de la nature. Et dans l'Arène, c'est la force de la jeunesse qui est au combat pour le trophée de la liberté, l'expérience des adultes pour valoriser cela au prochain labour des champs vers l'indépendance. Ensemble, nous bâtirons une Afrique libre et souveraine.
Merci Maman Africa dit Hulo Guillabert »

Alassane Ba
30 ans
Email : Lbson@live.fr
Professeur : moyen/secondaire en Anglais
Fondateur du Mouvement de la Grande Marche pour les États-Unis d'Afrique !

***

« Merci maman Africa d'avoir pensé à nous qui vous devons tout notre respect et engagement. Nous avons besoin de vous dans ce long chemin parsemé d'épines de traitrise par nos dirigeants.
Oui ! Moi je m'engage à prendre le pouvoir et marcher à vos côtés afin de redorer le blason de Katiopa. Oui je m'engage moi Bara Al

Amine THIAM à faire partie de ceux qui porteront le flambeau du legs de Sankara, Nkrumah, Mandela et Cheikh Anta DIOP.

Vous avez fait de moi ce que je suis aujourd'hui à travers votre mission de conscientisation.
Si aujourd'hui j'ai confiance en moi et que je n'ai pas peur de confronter mes idées, c'est purement grâce à vous.

Je m'engage à prendre le pouvoir et présenter à la face du monde cette KAMA qui entend revenir pour jouer son rôle dans le concert des nations, dans un esprit de respect mutuel, de compréhension et de fraternité. Oui je m'engage à prendre le pouvoir afin de libérer la Katiopa d'un emprisonnement de plusieurs siècles dans les profondeurs abyssales du racisme, de l'ignorance, de l'intolérance et de l'obscurantisme, pour reprendre sa place sur cet univers qui appartient à toutes les races. Je m'engage à être un ventricule du cœur de Kama afin de propulser l'air du changement, la lumière sur la véritable nature de l'Homme NOIR et la liberté de l'esclavage mentale.

PS "Toute promesse est sacrée. Personne n'est obligé d'engager sa parole, mais celui qui manque à la parole donnée se déshonore. Il commet un crime impardonnable contre sa dignité. Il trahit."
Pierre Lecomte du Nouÿ
Je vous aime de tout mon cœur !
Hotep ! »

Bara Al Amine THIAM
23 ans
bara.alamine@gmail.com
Étudiant en master d'Anglais à l'UGB membre de l'AGEPCI et manager de l'entreprise BiTi (promotion de l'engagement citoyen et l'entreprenariat culturel par le biais de l'expression artistique)

***

« Je suis honoré d'être cité par vous chère Maman Madame Hulo Guillabert, Championne du Peuple, Mama Africa, car depuis que j'ai lu votre poème (http://etatsafricainsunis.org/poeme_fr/) j'ai compris que j'étais sur le bon chemin et je ne pouvais que continuer à avancer avec persévérance pour répondre à cet appel.
L'initiative des Rendez-vous d'une Afrique Consciente, ces rencontres mensuelles au Monument de la Renaissance Africaine, reste un rendez-vous incontournable pour moi et un grand nombre de Jeunes, car cela nous réconforte, nous donne la motivation, mais aussi la chance de se retrouver pour se poser ensemble les bonnes questions, pour faire ce qui est essentiel pour une Afrique meilleure.
Je tiens à vous remercier très sincèrement pour tout ce que vous faites, pour la Jeunesse Panafricaine car quand on a besoin de vous, il n'ya pas de protocole, vous êtes toujours là, pour partager votre expérience, vos connaissances, donner de votre énergie, nous soutenir.

S'il y'a des programmes de développement à coup de milliards qui ne valent rien du tout, vous, grâce à votre leadership et votre engagement panafricain, vous contribuer à aider la Jeunesse Africaine à se développer, et comme le disait le Professeur Joseph Ki-Zerbo, je cite : "On ne développe pas, on se développe" c'est pourquoi, je mesure votre contribution pour l'émancipation de la Jeunesse Africaine pour une Afrique Unie et Prospère. J'y crois fermement et j'appelle toute la Jeunesse de l'Afrique et de sa diaspora à rejoindre le Comité d'Initiative International Préparatoire du Premier Congrès Fédéraliste Panafricain pour les États Africains Unis, pour ce faire, ils peuvent consulter le site web de l'initiative pour plus d'informations : www.etatsafricainsunis.org - signer et diffuser la pétition de soutien : http://etatsafricainsunis.org/petitionciip/ car c'est ensemble que nous pourrons relever les défis.

En attendant impatiemment de lire ce livre, la lutte continue car on ne gagne pas un combat parce qu'on est le plus fort, mais parce qu'on n'abandonne jamais…
On reste debout et la lutte continue !!! »

Mamadou Bailo BAH
Email : mbbah2007@gmail.com

Titulaire d'une licence en Langue anglaise,
Spécialiste en Management des organisations, Projets et Programmes.
Membre du Comité d'Initiative National Sénégal, Préparatoire du Premier Congrès Fédéraliste Panafricain pour les États Africains Unis.
Membre de la Mobilisation pour la Paix et la Consolidation de la justice africaine (M.P.C.A.)
Membre du Mouvement Jang CAD pour l'Enseignement et la vulgarisation des Œuvres de Cheikh Anta DIOP
Membre de la Commission Jeune du Forum Social Sénégalais, Responsable du Programme des Formations et des Renforcements des Capacités.

***

« Merci, merci du fond du cœur notre très chère maman Hulo Guillabert, Mama Africa et ma maman spirituelle.
Merci pour toutes les valeurs et croyances que vous nous transmettez, pour toute la force dont vous nous armez, pour tous vos discours qui nous donnent de l'espoir. Vous êtes un exemple et vous avez les mots et la force pour nous faire croire que l'on y arrivera un jour… et sous peu.
Je prie le Clément pour que vous viviez ce jour avec nous, le jour où la centième guenon boira à la source et que l'Afrique triomphera, brillera de mille feux, où elle s'affranchira de tous et de tout, le jour où ces immenses potentiels que vous réveillez en nous porteront leurs fruits.... Ce jour très chère maman est proche je le sens....Merci infiniment. Vos mots me guident désormais à

chaque instant de ma vie, de plus en plus je m'affranchis de toute domination, je développe ce pouvoir de résilience que tout jeune Africain devrait avoir, grâce à vous, j'ai réalisé que sur le chemin des bonnes actions rien ne peut me bloquer, aucun écueil ne m'arrêtera... Vous côtoyer, m'a donné des ailes et m'a forgée spirituellement. Je vous en dirai des nouvelles à notre prochaine rencontre.

J'ai une fois lu quelque part ceci : « il arrive qu'une personne devienne le centre de votre vie sans que vous ne soyez liés par le sang mais juste parce que cette personne vous tient la main et vous aide à marcher sur le chemin de l'espoir. Madame Hulo Guillabert vous donnez de l'espoir, vous réveillez les génies qui sommeillent en chaque jeune qui vous côtoie… Vous êtes un génie Maman. C'est fou tout ce que notre vie peut changer en un jour, grâce à une personne, du jour au lendemain… Je réalise que chaque rencontre, chaque nouvelle connaissance sont une aubaine si nous savons bénéficier de ses bienfaits. Merci, dieuredieuf, diarama, diarawlak maman. »

Mously FALL
23 ans
fallmuslee50@gmail.com
Activiste, militante du panafricanisme et entrepreneure sociale
Étudiante Master 1 Sciences Politiques/Études Internationales UGB de St Louis
Et en Master 2 administration économique et sociale option action politique et politiques publiques à l'Université de Franche-Comté à Besançon
Chargée Relations extérieures FOJEULA (Forum des jeunes leaders d'Afrique)

***

« Merci très chère pour l'incitation ou devrais-je dire l'exhortation à prendre le pouvoir des mains de ceux qui ne nous le donnerons jamais et qui ne l'exercent pas non plus en notre nom. Cette adresse est particulièrement intéressante en ce sens qu'elle porte en elle, l'espoir d'un individu, de tout un peuple, désemparé devant les abus et paralysies de notre temps, qui croit fermement que seule la jeunesse est capable de prendre les choses en mains et de réparer les erreurs historiques commises par les élites actuelles pour garantir l'épanouissement intellectuel, religieux et culturel des peuples d'Afrique.

Cependant, qu'il me soit permis d'indiquer que ceux à qui s'adresse ce message doivent être conscients des enjeux et défis majeurs qu'ils ont en face et qu'ils ont l'obligation historique de relever. Pour faire très court, je dirais qu'il faut très bien savoir que nous (la génération actuelle) avons deux causes de notre « défaite intellectuelle » en tant que peuple :

1) Nous avons hérité d'un format qui n'est pas le nôtre : c'est pour dire que la religion et l'idéologie sont « fondationnelles » pour tout peuple qui veut bâtir une nation forte. « Quand on n'a ni religion ni idéologie, on est simplement perdu » pour reprendre MBOG MBASSONG. Or précisément, nous sommes le peuple sur la planète Terre dont on a coupé la racine religieuse et culturelle. L'enjeu, ainsi, à ce niveau, est de savoir comment reconstruire une idéologie à défaut d'une religion « fondationnelle ».

2) L'école où nous allons, ainsi que les domaines de recherche qui sont propulsés par l'Université ne remettent pas en marche l'Africain moyen ou celui qui n'est pas allé à l'école : elle est discriminatoire et inadaptée à nos valeurs et représentations. Pire encore, nous sommes le seul peuple dont les étudiants et les universitaires achevés ne savent rien sur leur culture et leurs racines profondes. Donc il faudrait à ce niveau refaire le modèle de manière à codifier et promouvoir le savoir endogène à travers lequel se retrouvent les peuples d'Afrique.

En définitive, nous devons, conscients de cette défaite, NOUS METTRE EN MARCHE comme disait Cheikh Anta DIOP, afin de remodeler notre société à l'image de ce que lui exige sa trajectoire et ses réalités historiques et anthropologiques propres. Toutes les grandes révolutions historiques se sont faites de façon organique. Les peuples ont toujours été confrontés à un certain nombre de défis, y ont fait face, ont survécu ou péri pour paraphraser Felwine Sarr. Vivement que ma génération entende l'appel et s'engage à faire face à ces enjeux et défis historiques afin de libérer notre peuple et hisser son aventure socio-humaine au sommet du bien-être matériel et moral. »

Ousmane TOURE
25 ans
usmanturey@live.fr
Master 2 Communication digitale et Technologies numériques à l'UFR CRAC de l'UGB
Président fondateur de l'Assemblée des Générations Patriotes et Citoyennes (AGEPCI)

INTRODUCTION

« En tant qu'êtres humains, nous sommes le POUVOIR ; je ne parle pas de Révolution, mais de Libération ! » Jonh Trudell activiste amérindien.

VOUS ÊTES CEUX QUE NOUS AVONS ATTENDUS !

Ce livre a été réclamé par les jeunes panafricanistes lors des conférences que j'ai eu le grand bonheur d'animer à leur demande, au sein des universités de Saint Louis ou de Dakar, ou au Monument de la Renaissance dans le cadre des Rendez-vous de l'Afrique Consciente, conférences mensuelles que j'ai initiées avec le soutien de l'administrateur du Monument Abdoulaye Racine Senghor que je remercie infiniment ainsi que Georges Denis Diatta et Germain Coly ses collaborateurs.
C'est une transmission de tout ce qui fait mon engagement d'activiste panafricaniste aux jeunes Africains, de la part de leur « Mama Africa » comme ils me surnomment si affectueusement.

Comme le dit l'adage : *« Le fleuve fait des détours parce que personne ne lui montre le chemin. »*

J'espère que ce livre vous évitera quelques détours, même si je sais que quoiqu'il arrive vous franchirez la ligne d'arrivée, triomphants, même si cela doit ou peut prendre un peu plus de temps.

Ceux qui vous disent que vous, les jeunes, êtes perdus ou en perte de repères dans LEUR société, que vous êtes de plus en plus nuls dans LEUR école et dans LEUR université ; répondez-leur que vous êtes en déphasage avec LEUR perte de valeurs, ce n'est pas vous qui les avez perdues ces valeurs, ce sont eux !!! C'est LEUR société qu'ils ont construite de leurs mains qui est devenue

anxiogène et mortifère ! Ce sont LEURS programmes avec des tares de naissance issus du colonialisme. C'est LEUR éducation institutionnelle, formelle, informelle ou non-formelle qui a gravement échoué à sa mission (à certaines exceptions prés), et là je ne parle absolument pas du corps enseignant qui fait ce qu'il peut, avec ce qu'il a, je parle DU SYSTÈME ! C'est LEUR mauvaise gestion constante des affaires de la cité, LEUR cupidité et LEUR mauvaise politique nationale qui vous ont mis, dans cette situation depuis des années, que dis-je, des décennies !
Cette situation que vous subissez actuellement ne vous incombe en rien, au contraire, vous êtes les victimes de notre génération et de toutes celles d'avant, coupables d'irresponsabilité et de reniement en tout genre !

Nous devons vous rendre des comptes sur le massacre en règle de votre héritage dans tous les domaines !

Bien sûr, il y a beaucoup de dégâts au niveau de la jeunesse africaine, bien sûr, dans les quartiers il y a des groupes de jeunes oisifs qui discutent à longueur de journée de choses futiles en buvant du thé, parce qu'ils n'ont pas de travail, pas d'argent, pas d'avenir… Bien sûr, on peut indexer un manque d'éducation et de civisme partout au sein de la jeunesse mais c'est aussi et surtout le cas parmi les adultes. Est-ce vraiment leur faute, uniquement leur faute ? On a les jeunes qu'on mérite !

N'écoutez pas ceux qui fustigent votre manque d'engagement alors qu'ils ne font rien pour vous apprendre à vous engager ou à mieux combattre le système inique de société qu'ils ont eux-mêmes laissé s'installer !

Mon propos n'est pas de diviser la société africaine en jeunes et vieux, mais les jeunes ont particulièrement besoin d'aide et d'encouragements pour affronter le monde difficile que nous leur avons légué, donc il n'y a pas de concept « le pouvoir aux jeunes » (de toute manière je ne parle pas que de cette forme de pouvoir là dans ce livre) mais plutôt une incitation à se prendre globalement en mains, dans tous les domaines. Il n'y a aucune marginalisation ou stigmatisation par rapport à l'âge ici.

Vous encourager avec optimisme ne veut en rien dire ne pas voir la situation désastreuse de notre continent, ni votre situation désastreuse à vous, cela veut dire simplement venir vers vous, être positif, avancer malgré tout, un pas après l'autre, être pédagogue et allumer sa petite lumière qui fera la différence et incitera toutes les petites lumières à s'allumer jour après jour autour de vous !

VOUS ÊTES NOTRE ESPOIR ! RELEVEZ LA TÊTE !

Et comme je vous le dis toujours, vous êtes la seule et unique raison de mon engagement militant panafricain, je n'espère plus grand-chose (à certaines exceptions prés) des gens de ma génération vieillissante, qui accaparent les pouvoirs à tous les niveaux.

Le but principal de ce livre est la conscientisation des jeunes Africains, renforcer leur optimiste et leur estime de soi, leur niveau de conscience politique, sociologique, culturel et philosophique…

Ce livre est un condensé de ce que je crois et pense depuis plusieurs années, d'extraits de ce que je vous dis dans mes conférences ou sur les réseaux sociaux, de citations de panafricains emblématiques à découvrir, espérant vous être utile sur votre chemin semé d'embuches vers la lumière, la liberté, la souveraineté et la dignité.

Ce livre ne vous indique pas ce qu'il faut croire ou non, mais essaie de vous mettre en mains des thèses de panafricaines et panafricains émérites qui vous invitent ainsi au débat, pour une Afrique consciente et debout !

J'ai confiance en votre propre jugement et je pense que vous saurez en tirer de la matière qui fera avancer vos propres réflexions ou ressentis !

Ce livre a pour but de vous galvaniser, de vous inciter à vous former, vous informer, comprendre le sens de l'histoire, les intérêts stratégiques, la propagande, comprendre le fonctionnement des *méRdias* internationaux, mais aussi de vous donner l'énergie, le courage et la détermination, vous encourager à vous battre, et vous qui êtes encore timides et hésitants, de vous prendre la main en tant qu'Ainée et vous dire « N'ayez pas peur ! Osez ! Vous allez accomplir de grandes choses ! Nous avons besoin de vous ! »

Ce livre ne fait pas de longs discours académiques, ni de longues analyses savantes, ni de diagnostics compliqués, il ne vous raconte pas nos glorieux combattants du passé, car nous ne manquons pas de livres de ce genre en Afrique ! Non, ce livre veut vous parler de constats simples, d'expériences vécues, d'engagement personnel, d'étapes à franchir, d'actes concrets ici et maintenant, et de comment puiser la motivation en vous-même pour vous accomplir !

Ce livre se veut décomplexé sur tous les sujets, direct, un précis du jeune conscient panafricaniste en 2017, du combattant de la souveraineté africaine et de l'unité africaine.

Conçu pour être facile et rapide à lire, le livre en format PDF sera offert aux jeunes panafricanistes affiliés à des organisations ou associations et qui en feront la demande sur le site de diasporas-noires.com afin que le maximum de jeunes engagés à travers le monde puisse le lire ! Ceci aussi afin d'inciter des jeunes à adhérer à ce genre d'organisations. Et en échange de ce livre numérique gratuit, nous vous demanderons

de nous aider à collecter les noms et coordonnées des nombreuses organisations panafricanistes à travers le monde, si vous en connaissez, nous voulons réaliser une plateforme sur Internet regroupant toutes ces organisations à des fins d'unité et de synergie de la jeunesse africaine et afro-descendante.

Donc, je vous dis, faites ce que vous avez à faire, même à la place modeste qui est la vôtre, ne la sous-estimez pas cette place, ne sous-estimez jamais la valeur de ce que vous faites, faites-le avec votre cœur et vous aurez accompli votre mission car sachez que, comme dit un adage « *Celui qui a planté un arbre avant de mourir n'a pas vécu inutilement.* »

« *Un jour, dit la légende, il y eut un immense incendie de forêt. Tous les animaux terrifiés et atterrés observaient, impuissants, le désastre. Seul le petit colibri s'active, allant chercher quelques gouttes d'eau dans son bec pour les jeter sur le feu. Au bout d'un moment, le tatou, agacé par ses agissements dérisoires, lui dit :*
- Colibri ! Tu n'es pas fou ? Tu crois que c'est avec ces gouttes d'eau que tu vas éteindre le feu ?
- Je le sais, répond le colibri, mais je fais ma part ».
Pierre Rabhi

N'oubliez pas aussi ce que disait Bob Marley "*Tu ne sais jamais à quel point tu es fort, jusqu'au jour où être fort reste ta seule option.*".

Alors, soyez forts ici et maintenant, c'est votre seule option, arrachez notre liberté définitivement des mains de tous les prédateurs !

La Renaissance du peuple de Katiopa (Kama et sa diaspora), passe par vous, sa jeunesse, qui est malgré les apparences, dans sa pleine puissance actuellement au niveau du potentiel, en nombre, en intelligence, en audace et en sagesse ! Plus que jamais !
C'est sous le capot mais moi je le vois bien !

HOTEP !

Hotep est un mot de l'Égypte Antique qui signifie (Paix, être satisfait, en paix, heureux, apaisé).
Il a été utilisé très fréquemment dans les noms de pharaons de l'ancienne Égypte.
Actuellement, ce mot est repris par les kemites du monde entier pour dire “paix”.

ANTIKAMITISME

Hommage à notre ancêtre méritant Cheikh Anta Diop

Nous connaissons tous ou avons entendu parler du travail incommensurable effectué par le professeur Cheikh Anta Diop qui a exhumé tous les trésors de l'Égypte Antique comme un héritage qu'il nous a offert sur un plateau.
Je veux lui rendre ici et maintenant un puissant hommage à cet ancêtre magnifique que j'ai pu mieux découvrir récemment grâce à l'excellent film documentaire Kemtiyu Séex Anta d'O. W. Mbaye et L. Attali (autoprod@club-internet.fr), merci à eux.

Voici une courte biographie reprise dans le dossier du Film

Né en 1923 dans un village du Sénégal profond, il se passionne très tôt pour les sciences et l'histoire de l'Afrique.

Il débarque à Paris en 1947 pour étudier la philosophie, puis la physique, la chimie, l'histoire, la linguistique, l'anthropologie. Ses professeurs sont Gaston Bachelard, Marcel Griaule et Frédéric Joliot-Curie.

En 1954, il publie « Nations Nègres et culture », un livre-culte, qui révolutionne la vision sur l'origine des civilisations, en déclarant que l'humanité est née en Afrique, que l'Égypte pharaonique était nègre et que l'histoire a été falsifiée.

Oser contredire les égyptologues et ébranler les symboles va lui couter cher toute sa vie…

Sa thèse de doctorat en poche, il rentre au Sénégal en 1960, au moment de l'indépendance, et se heurte à Léopold Sédar Senghor qui lui interdit d'enseigner à l'Université.

Soutenu par Théodore Monod, Cheikh Anta construit alors à Dakar, son propre laboratoire de datation au Carbone 14.

Il est convaincu que le développement de l'Afrique passe par l'apprentissage des sciences, la défense des langues nationales et la fédération des États-Unis d'Afrique.

Malgré un parcours constamment parsemé d'embûches et d'adversaires, Cheikh Anta Diop le rebelle, laisse derrière lui une œuvre colossale et féconde, et quelques héritiers à travers le monde, qui revendiquent sa pensée et ses combats.

« *Il est permis de se demander s'il n'est pas de ceux qui, de leur vivant, se sont installés confortablement dans l'éternité* » écrivait un journaliste, déjà en 1960.

L'origine du mot Kama, Kamit, Kemit

Je reprends les définitions de ces mots, données par Pierre Nillon, chercheur, écrivain, théologien et égyptologue dans son livre *"Moise l'Africain (la véritable histoire de Moise)"* aux éditions Menaibuc. (Source : le Blog de Munsa Nzinga Ka Ndombe)

« Mais le mot KaMa est-il originaire de notre continent ?

Oui, car depuis l'apparition de l'écriture hiéroglyphique (3400 av. J. C), les anciens Égyptiens se désignaient par le mot KaMtou signifiant Noirs, car ils l'étaient. Par ailleurs, ils utilisaient le mot KaMi signifiant Noir, non seulement pour désigner leur terre, mais aussi par extension notre continent. Cette racine héritée de nos Ancêtres se rencontre dans les langues suivantes :

KaMa signifiant Noir en Copte,

KaMa signifiant Noirci en Mbochi,

KaMi signifiant Brûlé en Bambara,

KéMi signifiant Brûlé en Mandjakou,

KeM signifiant Brûlé en Wolof [Kheum, Khal signifie charbons ardents],

Kim signifiant Brûlé en Mossi, etc... Notons aussi que KeMbou signifiant Charbon en Pullar,

KeMpou signifiant Noir en Vaï,

KéMatou signifiant Complètement Brûlé en Mandjakou est à rapprocher de l'égyptien KaMtou.

Le mot égyptien KaMa représenté graphiquement par un morceau de bois brûlant (un charbon) dérive du radical KaLa signifiant également Charbon dans certaines de nos langues, à l'instar du Kikongo, du Téké, du Zigoula, du Mbati, etc...

En Inde, le mot KaLa signifie Noir en Tamoul et la déesse noire vénérée depuis au moins 5000 ans se nomme Kali. Éventuellement, le mot KaLa évolua en GaLa dans certaines langues à l'instar du Topoke, précisons qu'en Kikongo KhaLa signifie Charbon au singulier, tandis que MaKaLa signifie Charbons au pluriel.

D'autre part, en égyptien comme dans d'autres langues de chez nous, la lettre L se confond avec la lettre R et sont représentées graphiquement en égyptien par une bouche. C'est ainsi que KaLa devient KaRa chez certains peuples, de même GaLa devient GaRa chez d'autres. Effectivement, les Garamantes (GaRa Mandé, GaRa Muntu = Homme Charbon) véritables autochtones de l'île de Crète et du Maghreb dans l'Antiquité étaient nos frères (Hérodote, Histoire IV 174, 183 à 184).

Le pays du BenGaLe tire également son nom des BanGaLa du Zaïre (nGaLa au singulier et BanGaLa au pluriel). Afin de renouer les liens brisés avec notre Terre d'origine et avec nos Aïeux, il est vital pour nous que nous nous désignions par notre véritable nom à savoir fils ou fille de KaLa, de GaLa, ou éventuellement de KaMa, d'où Kamit ou Kémit. ».

La criminalisation du mot KAMIT

Avez-vous vu la guerre qui est menée à ce mot « KAMIT » par le *système de domination oxydental* et leurs *merdias*, ce mot qui est CRIMINALISE depuis plusieurs années, ceux qui l'emploient sont traités de fascistes, de racistes et de suprémacistes noirs !
Whaou, tout ça derrière un simple mot ?
De plus, des magrébins aussi s'y mettent, car ils y voient une sorte de danger anti-islam, je me demande bien pourquoi, et une remise en cause de leur légitimité à eux par rapport à l'Égypte actuelle ou carrément au Maghreb.

Malheureusement des noirs *allienés* ou des *noirabes* leur ont aussi emboité le pas, pressés comme d'habitude de répéter bêtement toute accusation portée par les *oxydentaux* ou les arabes, seuls habilités à nous définir, à définir qui est bien, qui est mauvais en Afrique.

Je suis étonnée que nous soyons toujours les premiers preneurs de ces mots qui nous salissent, nous méprisent, et insultent nos propres frères, et bien sûr avec des accusations portées sans preuve et qui ensuite, se perpétuent sans discussion, par des « on-dit » ou parce qu'on l'a lu dans un *merdia*.

Il est vrai qu'il existe des noirs extrémistes, comme il existe des blancs extrémistes ! Mais c'est comme traiter de fascistes tous les chrétiens parce que l'Église a pratiqué l'inquisition ou même pire, l'esclavage, ou traiter de terroristes tous les musulmans, ou de fascistes tous les Allemands, ou encore traiter de racistes tous les occidentaux (là je l'écris de la bonne manière quand cela concerne les masses occidentales) !

De plus, les noirs qui disent avec mépris « vous les Kamits », ils sont ignorants, car ils sont kamits d'office eux aussi, qu'ils le veuillent ou non, c'est le nom historique des noirs, qu'ils l'acceptent ou non, ils sont KAMITS ! Et le mépriser, c'est encore et toujours perpétuer nous-mêmes ; ce mépris qui entache tous nos noms ou désignations successives à travers le temps.

Ce mot KAMIT, c'est Cheikh Anta Diop qui l'a exhumé en faisant ses recherches sur l'Égypte Antique et nous devons en être fiers, car c'est une appellation ***de nous par nous*** et nous ne devons laisser personne en faire une insulte, même si une secte extrémiste noire, a pu un jour, s'en emparer, personne n'a le droit de nous dénier le droit de l'utiliser, c'est notre héritage !

J'appelle vraiment à une prise de conscience à ce niveau !

LE RACISME ANTI-NOIR OU ANTIKAMITISME

Je vous engage, vous les jeunes, à employer les bons mots pour nous nommer et pour désigner nos maux ! Car les mots font partie de l'arsenal dans toute guerre idéologique !

Nos Ancêtres pensaient que la parole possède une force, une charge, une énergie, donc un pouvoir qui crée le négatif comme le positif !

Ne dit-on pas dans un certain livre saint « *Au commencement était le verbe !* ».

Pourquoi ne pas employer le mot « antikamitisme » pour designer le racisme anti-noir ainsi que toutes les horreurs que nous avons subies pendant tant de siècles, la violence de tant de haine envers nous, nous donne parfaitement le droit de désigner cela par un mot SPÉCIFIQUE, tout comme les juifs ont désigné par antisémitisme le racisme anti-juif, au lieu de nous noyer dans un mot générique global comme racisme.
L'Antikamitisme, terme qui a été inventé par Seku Mâga, chercheur et artiste panafricain, originaire de la Martinique, est constitué du préfixe anti = contre et de kam, mot courant dans la civilisation afro-nubienne qui signifie, noir.

Seku Mâga nous dit que « *L'antikamitisme a servi aussi bien de base idéologique dans l'organisation de l'apartheid, que pour l'établissement de la traite négrière, de l'esclavage, de la colonisation et de l'asservissement de l'Afrique autochtone et des peuples noirs à travers le monde.* »

Pour l'anecdote, quand j'ai fait la recherche sur le célèbre moteur, on ne m'a proposé que des pages et des pages du mot « antisémitisme » j'ai dû lourdement insister, et cela résume bien mon propos, ce manque de visibilité spécifique, ce manque de reconnaissance de notre souffrance spécifique !

L'antikamitisme des *oxydentaux*

Voici ce que nous dit Frantz Fanon dans *« Peau noire, masques blancs* » (Ed. Seuil en 1952) qui peut expliquer bien des choses sur l'antikamitisme instinctif de nombreux *oxydentaux*.

« Et voici le nègre réhabilité, "debout à la barre", gouvernant le monde de son intuition, le nègre retrouvé, ramassé, revendiqué, assumé, et c'est un nègre, non pas, ce n'est point un nègre, mais le nègre, alertant les antennes fécondes du monde, planté dans l'avant-scène du monde, aspergeant le monde de sa puissance poétique, "poreux à tous les souffles du monde". J'épouse le monde ! Je suis le monde ! Le Blanc n'a jamais compris cette substitution magique. Le Blanc veut le monde ; il le veut pour lui tout seul. Il se découvre le maître prédestiné de ce monde. Il l'asservit. Il s'établit entre le monde et lui un rapport appropriatif. Mais il existe des valeurs qui ne s'accommodent qu'à ma sauce. En magicien, je vole au Blanc "un certain monde", pour lui et les siens perdu. Ce jour-là, le Blanc dut ressentir un choc en retour qu'il ne put identifier, étant tellement peu habitué à ces réactions. C'est que, au-dessus du monde objectif des terres et des bananiers ou hévéas, j'avais délicatement institué le véritable monde. L'essence du monde était mon bien. Entre le monde et moi s'établissait un rapport de co-existence. J'avais retrouvé l'Un primordial. Mes "mains sonores" dévoraient la gorge hystérique du monde. Le Blanc eut l'impression pénible que je lui échappais, et que j'emmenais quelque chose avec moi. Il me fouilla les poches. Passa la sonde dans la moins dessinée de mes circonvolutions. Partout, c'était du connu. Or, c'était évident, je possédais un secret. »

Oui, et je rajouterai : Quand un nègre danse, il ne danse pas, il s'ancre à la Terre Mère sous ses pieds, il communie avec la Lumière pour illuminer l'humanité, avec l'Energie pour vivifier la Nature et communique avec le Cosmos tout entier !
D'autres préfèrent conquérir et dominer le monde et les peuples, lui, il préfère parler à l'Univers pour guérir l'Humanité...

Et si le secret du nègre dont parle Fanon était justement sa spiritualité hors du commun, son mysticisme ? Cette spiritualité qu'ils ne saisissent pas et qu'ils ont vilipendée afin de mieux nous dominer (et là je parle de tous les dominateurs de l'Afrique d'où qu'ils viennent) nous accusant d'idolâtrie ou de polythéisme, alors que toutes nos traditions africaines parlent bel et bien d'un seul et unique Dieu, créateur de l'univers ! Une spiritualité monothéiste parfaitement ancrée dans le Divin et qui dialogue avec toutes les forces de l'univers.

Est-ce cela, ce secret qui leur fait si peur ? Tout ce qui nous rapproche de la culture ou des traditions de nos Ancêtres est combattu avec une férocité incroyable partout dans le monde.

J'ai récemment lu un article expliquant très bien pourquoi existe l'antikamitisme, et que le combattre comme nous le faisons jusqu'à présent, ne sert à rien :
« *Même si l'on supprimait toutes les expressions évidentes du racisme dans notre société, qu'elles soient écrites ou orales, nous vivrons tout de même dans un système global qui opprime les Noirs. L'occident moderne et le monde arabe notamment se sont construits sur le racisme ; il est dans leur ADN. Le racisme est le fondement de leur domination. Nous devons cesser d'être induits en erreur en croyant que le racisme n'est juste qu'une opinion.*
À ce sujet, méditons sur les sages paroles du militant noir Stockely Charmichael, devenu plus tard Kwame Touré qui disait que : "Si un Blanc veut me lyncher, c'est son problème. ***S'il a le pouvoir de me lyncher, c'est mon problème. Le racisme n'est pas une question d'attitude, c'est une question de pouvoir****". Tant que nous ne gagnerons pas en POUVOIR et en RICHESSE, nous continuerons à souffrir du racisme.* »
Franswa Makandal (extrait d'un article du site Noir et Fier nofi.fr)

Notre responsabilité à nous Africains et Afro-descendants est engagée à ce niveau si nous continuons à subir sans rien faire d'efficace...

L'ANTIKAMITISME de leur SYSTÈME de vie et de gouvernance est FLAGRANT, arrêtons de nous cacher la tête dans le sable, leur universalisme ne sert QUE quand ça arrange leurs visées mercantiles, esclavagistes et expansionnistes planétaires. Cela leur permet de piller et d'exploiter le monde entier, en donnant l'illusion que nous sommes tous comme eux... Oups pardon, égaux, mais en leur ressemblant le plus possible, en les singeant le plus possible !
Par contre, quand ça ne les arrange pas comme pour les migrants, on voit bien que leurs actes sont loin des discours lénifiants universalistes !

Antillais, Réunionnais, Africains de la Diaspora, vous le savez bien, vous vous battez tous les jours que Dieu fait contre l'antikamitisme ordinaire et mesquin du système en France ou en Europe... Vous savez bien qu'on vous demandera encore et toujours, au détour de la moindre conversation même si vous êtes nés en France de parents inconnus "De quelle origine êtes-vous ?" c'est automatique ! J'ai vécu 30 ans en France, on me demandait cela à tous les coups ! Il faut juste comprendre cela une bonne fois pour toutes !

Je parle de SYSTÈME et non des individus, bien que je suis consciente que le système contamine à force un grand nombre d'individus depuis l'esclavage, les colonies, tous ces systèmes qui ont laissé s'ancrer racisme, préjugés, clichés et complexes de supériorité dans la tête de beaucoup d'occidentaux.

Et ces *oxydentaux* qui dirigent le monde sont de plus en plus cohérents et sans état d'âme, de moins en moins enclins à cacher leur antikamitisme profond et viscéral et leur vision de partition dont ils rêvent pour la planète, les riches *oxydentaux* d'un coté et de l'autre tous les autres peuples, damnés de la Terre, appauvris, laissés pour morts dans leurs multiples guerres, exsangues à force d'être pillés, les Noirs sont dans la deuxième catégorie, mais encore plus bas dans cette échelle définie par eux !

Tous ces morts noirs à travers le monde encore de nos jours par pur antikamistisme, plus d'un millier de noirs tués par la police aux USA chaque année, des morts lynchés au Maghreb, en Arabie Saoudite, les crimes impunis en Inde, et j'en passe !
Sans parler de l'esclavage qui continue en Mauritanie pays situé à nos frontières sur le sol même de notre continent et dans les pays arabes qui nous ont toujours considérés comme leurs esclaves attitrés !

L'antikamitisme des arabes

« Il est grand temps que nous prenions en charge cette question du racisme anti noir dans les pays arabes, qui ne prend même plus la peine de se cacher et qui s'exprime de manière aussi violente. Ces jeunes immigrés Sénégalais et Africains en exil, en quête d'une vie meilleure, sont-ils moins égaux en dignité que tout autre être humain pour que l'on puisse tranquillement les égorger comme des bêtes. L'année dernière au même moment, un Sénégalais fut tué dans un bus au Maroc parce qu'il s'était assis à côté d'une marocaine. Durant le conflit libyen, des noirs furent enfermés dans des cages et traités comme des animaux. Primo, une réaction vigoureuse de nos gouvernants aurait été absolument nécessaire. Secundo, le débat doit être posé par la société civile et les intellectuels, sur nos rapports avec le monde arabe. Quels atavismes, quels imaginaires enfouis dans les inconscients collectifs permettent encore qu'aujourd'hui on traite nos ressortissants ainsi, sans réaction à la hauteur de l'indignité qui nous est faite et par delà à toute l'humanité. » Felwine Sarr.

Rien à ajouter…

L'esclavagisme en Mauritanie

Je m'appelle MAURITANIE, je suis addict aux castes, à l'esclavage, à la féodalité, à l'obscurantisme, à l'injustice...

Les droits de l'Homme incluent-ils les droits des Négro-Mauritaniens bafoués jusqu'au sang tous les jours dans ce pays esclavagiste, qui nous nargue à nos frontières, ce pays qui existe parce que Léopold Sedar Senghor l'a voulu, encouragé et aidé ! Ce pays qui comporte beaucoup de Sénégalais natifs du pays et séparés de leur famille de l'autre rive du fleuve Sénégal lors de la délimitation abusive pour sa création… Se rappelle-t-il ce pays, que le premier gouvernement de la Mauritanie siégeait à Saint-Louis du Sénégal ?
Pourquoi ce pays n'est pas mis à l'index par l'UA, pourquoi ce pays ne subit-il pas des sanctions et des embargos comme le régime de l'Apartheid en son temps ? Pourquoi le président de ce pays peut-il se retrouver à la présidence de l'UA sans que cela ne choque personne, pendant que des militants anti-esclavagistes négro-mauritaniens qui réclament juste leur dignité se retrouvent nombreux en prison ou torturés ? Et là, je ne parle même pas de l'exil forcé ou des discriminations et humiliations subies à tous les étages de la vie personnelle et professionnelle de nos frères pourtant plus instruits, plus diplômés que leurs dominateurs et patrons à tous les niveaux.

Où sont les fameuses instances internationales avec leur humanisme débordant ? Pourquoi ont-ils congratulé la Mauritanie sur les soi-disant efforts qu'elle fait dans ce domaine ?

Paru dans la presse :
Les États participants au dialogue interactif, organisé à Genève le 3 novembre 2015, étaient unanimes sur les grandes améliorations et les importantes avancées réalisées par la Mauritanie en matière des droits de l'homme. Ils ont aussi salué l'exécution par la

Mauritanie de ses engagements à l'examen périodique universel de 2010.

Ces mêmes instances internationales ont bien élu l'Arabie Saoudite au Conseil des droits de l'Homme à l'ONU !

C'est quoi le projet de ce machin ONU ? Promouvoir les pires systèmes rétrogrades, obscurantistes et racistes en leur donnant plus de légitimité pour commettre leurs forfaits ?

« L'ONU n'a jamais été capable de régler valablement un seul des problèmes posés à la conscience de l'homme par le colonialisme, et chaque fois qu'elle est intervenue, c'était pour venir concrètement au secours de la puissance colonialiste du pays oppresseur. [...] En réalité l'ONU est la carte juridique qu'utilisent les intérêts impérialistes quand la carte de la force brute a échoué.». Nous dit encore Frantz Fanon, toujours lui, avec ses vérités implacables, citation extraite d'un article dans *Afrique Action*, n°19, du 20 février 1960, intitulé *« La mort de Lumumba : pouvions-nous faire autrement ? ».*

L'antikamitisme mondial

Comment se sort-on d'un mépris multiséculaire ?
Pas en faisant comme si cela n'existe pas et en tendant constamment l'autre joue !
Pire, certains pensent même qu'il vaut mieux ne pas en parler, ne pas faire de vagues car les auteurs de ce mépris sont si forts pour retourner votre réaction en racisme, fascisme, nationalisme, communautarisme, etc… Ou encore en racisme anti-blanc !

Ces accusations inversées ont pour but de nous mettre sur la défensive, alors que nous sommes déjà dans les cordes, acculés que nous sommes en permanence, à se justifier pour la moindre de nos opinions, à prouver notre bonne disposition et notre parfaite intégration à ce *système raciste* qui nous opprime et nous rejette quoi qu'on fasse !

Le racisme anti blanc, c'est comme quand tu dis à quelqu'un, j'ai perdu ma mère et qu'il te répond « *halala c'est très embêtant en effet, je comprends car moi aussi un jour j'ai perdu... mes clés !* » (lu quelque part).

Le racisme anti-blanc est circonstanciel, conjoncturel, souvent en réaction contre un mépris subi par ailleurs, des crimes néocoloniaux ou impérialistes !
Bien sûr, ce n'est pas pour cela qu'il est excusable ! Aucun racisme n'est excusable car souvent la cible du racisme, n'est pas celui qui a commis le mépris ou le crime par ailleurs, elle paie pour les autres avant lui !
Par contre, il faut comparer ce qui est comparable et peut-être trouver un mot plus adéquat !

Alors que le racisme anti-noir (antikamitisme, oui cela mérite un mot spécifique et non générique) est érigé en SYSTÈME quasiment partout dans le monde, qu'il est subi tous les jours que Dieu fait par les noirs du monde entier, que pour avoir un job ou un logement des USA à la France, de Doha à Rio, c'est une galère, que les préjugés et les clichés issus de l'esclavage perdurent encore aujourd'hui, que les contrôles au faciès sont labellisés mondialement partout sur la planète, que les prisons du monde entier sont pleines de noirs, que les quartiers les plus misérables et les bidonvilles leur sont réservés partout, que les meurtres injustifiés et impunis sont légion, que c'est un état de fait sans aucune variable quasiment, et qui dure depuis des siècles et des siècles, qu'il est accompagné du plus profond mépris vécu dans la chair de chaque noir à chaque instant, qu'il est intégré dans le langage le plus anodin au détour de chaque phrase même amicale, qu'il est digéré par les esprits les plus inconscients même dans une sphère familiale, et répété par les enfants les plus inoffensifs ; etc…

On s'extirpe d'un mépris multiséculaire, en y faisant face, en rendant coup sur coup à l'auteur de ce mépris pour qu'il soit conscient de son mépris (si, si, il y en a qui en sont inconscients !), qu'il puisse se rendre compte de la douleur que c'est d'être méprisé et que cela lui serve de repère et de leçon pour ses comportements futurs !
Je parle ici surtout du mépris des mots. C'est pédagogique de rendre la pareille !

Pour commencer, soyez conscients que le vocabulaire n'est pas anodin !
Depuis des millénaires, les livres religieux de tous bords contiennent des légendes diabolisant les kamits avec ces histoires de Cham, ce fils maudit, etc…
Et le diable lui-même est représenté avec la peau noire, depuis des millénaires dans beaucoup d'églises et de publications.

Quand j'habitais en France, j'avais des amis ou collègues charmants, qui adoraient me faire des conversations entières sur les noirs, les clichés ou des anecdotes qui ne faisaient rire qu'eux… Si je ne riais pas, ils me disaient « *Halala... c'est juste de l'humour !* ». Le jour où j'ai commencé moi aussi à raconter toutes les pires choses qui se disaient sur les blancs en Afrique notamment qu'ils ne se lavaient pas et sentaient mauvais, ou des histoires drôles dévalorisantes, comme eux je racontais cela en riant, je voyais leur tête changer, leur sourire se figer, et leur incompréhension « *Ah bon, comment ça, mais ce n'est pas vrai !* ». Et que les jours suivants, ils revenaient me voir pour s'excuser en disant qu'ils avaient enfin compris !

Donc la guerre des mots aura bien lieu...

La guerre des mots aura bien lieu !

Alors il est vraiment temps de faire comme eux, osons le mépris par les mots, à la guerre comme à la guerre, voilà pourquoi dans ce livre :

- **Tout ce qui concerne les pilleurs, leurs institutions, leurs gouvernements, la francafrique, le cfa, les ape, etc. est sciemment écrit en minuscules, c'est un parti pris idéologique et spirituel pour mieux les minimiser et s'en débarrasser. Le mépris doit changer de camp !**

- De plus appelons-les « **terroristes** » car ils le sont vraiment quand on voit comment ils se comportent en Afrique en déstabilisant pour piller sans vergogne, etc...
- Il n'y a pas de puissance militaire, il n'y a que du **terrorisme militaire**
- Il n'y a pas d'amis ou de partenaires économiques que des **prédateurs économiques ou des pilleurs**
- Disons « **dictateurs** » et ajoutons « s**anguinaires** » pour désigner certains d'entre eux qui ont mis à feu et à sang la Lybie et l'Irak par exemple, etc…
- Parlons de « **régime** » en parlant de leurs gouvernements comme ils font avec nos gouvernements
- Occident, occidental s'écrivent désormais **oxydent**, **oxydental**, etc… car leur système de domination oxyde le reste du monde pourtant majoritaire. Et là, nous désignons par ce mot, le système de domination mais en aucun cas le peuple occidental qui là, s'écrira de la bonne manière.
- Leurs médias doivent désormais être qualifiés de **meRdias** et il y a également l'adjectif **meRdiatique**

- Les occidentaux qui sont dans nos pays appelons-les « **Immigrés** » ou des « **migrants** » (au lieu d'expatriés) comme ils le font avec nous. Ils ne devraient pas s'en offusquer donc.
- Et la démocratie s'appellera désormais le **démoNcracie** et nous aurons aussi des **démoNcrates**... en *Oxydent* comme en *france à fric*, ce système n'est pas un système créé pour le peuple et par le peuple, c'est un leurre...
- La francophonie, devient la **franconfaunie** parce que bras armé de la domination française tout azimuts, et nous les francophones, serons **les franconfaunes** dans leur enclos néocolonial.
- **Néocons** pour néocolons
- La francafrique est la **france à fric**
- Les noirs déguisés en arabes et ayant épousé à fond la culture arabe sont des **noirables** (mot inventé par Soxna une activiste très engagée pour la cause Kamit)
- Etc...

Je n'ai pas inventé tous ces mots, en tout cas en grande partie, ce sont des mots qui circulent depuis des années dans les réseaux sociaux, utilisés pour beaucoup d'Africains conscients des enjeux de la **dés-allien-ation** et ils sont de plus en plus nombreux !

Ah oui, j'oubliais !

Aliéné pourrait se dire **Allien-é** car notre peuple est bien le seul sur cette Terre à faire autant allégeance aux autres peuples de son plein gré, jusqu'à en perdre complètement son estime de soi, sa couleur de peau, ses cheveux, sa culture, sa tradition, en fait quasiment TOUT, nous sommes donc bien des ALLIENS en attendant de nous **dés-allien-er**.

Cette guerre des mots a pour but simplement de faire prendre conscience, à nous-mêmes, mais également au peuple occidental,

en général de bonne foi, que les mots qu'ils ont l'habitude d'utiliser de manière anodine car bien ancrés dans le système de domination hérité de l'esclavage et la colonisation ne seront plus acceptés ! Donc il va falloir être conscients et changer de comportement envers nous ! Voilà le message clair que nous voulons faire passer ! Nous voulons le respect !
Nous aussi, avons notre dignité et nous la défendrons désormais par les mêmes procédés sournois.

Incroyables *oxydentaux* !

Je vous mets ici un texte édifiant sur la guerre des mots que l'*oxydent* nous livre à notre insu et qui circule depuis des années dans les réseaux sociaux d'un auteur inconnu.

Quand ils font la guerre, elle devient mondiale
Quand ils ont une opinion, elle est internationale
Quand ils s'expriment, ils le font au nom de la communauté internationale
Quant à leurs valeurs, elles sont universelles
Quand ils ont une crise, elle est mondiale
Quand ils parlent, c'est une langue. Quand ce sont les autres c'est forcément des dialectes
Leurs fruits ont des noms du genre pomme, abricot, pêche. Ceux de l'Afrique sont exotiques, sauvages.
Ils se sont installés de force en Amérique, au Canada, en Australie, en Afrique du Sud, Amérique du sud et ils nous traitent d'immigrés ou de migrants.
Quand ils viennent chez nous, ils disent qu'ils sont expatriés, et quand c'est nous qui allons chez eux, ils nous traitent d'immigrés ou de migrants.
Ils disent d'eux, qu'ils sont en situation irrégulière dans un autre pays. Et quand il s'agit de nous, ils disent que nous sommes des sans-papiers, des clandestins.

Quand ils s'attaquent à l'occupant, ce sont des résistants. Et quand nous nous attaquons à l'occupant, nous sommes des terroristes.
Ils sont les seuls à pouvoir se doter des bombes atomiques et bizarrement, ce sont les autres qui fabriquent et utilisent des "armes de destruction massive".
Quand ils nous prêtent de l'argent, ils parlent d'aide.
Quand ils viennent nous piller, ils nous parlent de partenariat ou d'accord de partenariat.
Eux, font du lobbying et quand c'est nous, c'est de la corruption, du clientélisme, du népotisme.
Ils traitent nos scarifications (marque de reconnaissance ethnique) de sauvage. Aujourd'hui ils pratiquent le tatouage à outrance.
Etc...

Terrible ce constat, n'est-ce pas ?

Et là, je ne vous parle même pas de tout ce qui est mauvais dans leur vocabulaire et qui est qualifié de « noir »

Par exemple, le terme « ethnie » vient de
« Ethnos » : la référence raciale n'est pas tout à fait celle du terme grec ethnos, qui qualifie des populations inorganisées ou secondaires (par opposition aux Grecs de la cité), et encore moins celle du latin « Ethnicus » qui désigne les païens ; la tradition chrétienne conservera d'ailleurs ce sens. La création des termes « ethnologie » et « ethnographie » à la fin du XVIIIe siècle n'impose pas pour autant la notion d'ethnie. Ce sont les théories de classification raciale du XIXe siècle qui vont conduire à hiérarchiser les peuples, à distinguer des sociétés dites civilisées des sociétés dites primitives, les nations des ethnies.
Source www.irenees.net

Et c'est le même procédé sournois pour le mot « exotique »

Appel à la presse africaine

Arrêtez de reprendre les propagandes que vous jettent en pâture les instances politiques de la *france à fric*, et les mots que vous suggèrent les *merdias* internationaux !

Servez-vous de vos propres mots pour décrire notre réalité, servez-vous de vos caméras pour aller filmer ce qui se passe dans nos villes et villages, au lieu de reprendre en boucle des images issues de leurs 3 ou 4 agences mondiales aux ordres, qui nous font gober n'importe quoi et peuvent orienter une opinion dans le sens de leurs propres intérêts !

Soyons nos propres médias, d'ailleurs depuis l'avènement d'internet et les réseaux sociaux beaucoup de médias alternatifs sont nés et démontent leur propagande *merdiatique*, à vous la presse officielle africaine, les télévisions, d'emboiter le pas dans ce combat pour notre souveraineté médiatique !

Les mots ont leur importance et sont chargés de munitions, nous en avons marre d'être ciblés par ces armes qui ont l'air inoffensif, mais font de profonds dégâts concernant notre estime de nous-mêmes depuis des siècles et des siècles, il est temps de réagir !

Alors, comme le dit Felwine Sarr, grosso modo, ré-inventons le monde à notre échelle, à notre mesure, réinventons le discours sur nous-mêmes et le langage qui nous définit au lieu d'être éternellement des objets de discours des autres.

Un proverbe africain dit : *"Quand, sans aucune raison, le chien t'attaque et te mord une fois, tu peux te faire mordre de nouveau. Mais quand tu refuses d'admettre qu'il t'a mordu, tu te condamnes à devenir son os"*.

SOYEZ CONSCIENT

CHANGEZ VOTRE CONSCIENCE

La liberté est en vous

« Et s'il existe un despote que vous voudriez détrôner, voyez d'abord si l'image de son trône érigée en vous est détruite. Car comment le tyran peut-il régner sur les affranchis et les fiers, s'il existe une tyrannie dans leur propre liberté et une honte dans leur propre fierté ?
Et s'il existe un tourment que vous voudriez dissiper, le siège de cette crainte est dans votre cœur et non dans la main du tourment. Vraiment, toutes les choses se meuvent dans votre être en une continuelle étreinte fatale ; ce que vous désirez et ce que vous redoutez, ce qui vous attire et ce qui vous répugne, ce que vous poursuivez et ce que vous voulez fuir.
Ces choses se meuvent en vous comme la lumière et l'ombre, en couples enlacés. Et quand l'ombre se dissipe et disparaît, la lumière qui persiste devient l'ombre d'une autre lumière.
Et telle est votre liberté qui, quand elle perd ses entraves, devient l'entrave d'une plus grande liberté. »
Khalil Gibran *La liberté*

Je rajoute que la liberté, c’est quand on est pris au piège dans une cage du zoo, de ne pas baisser les bras, ni d’essayer d’améliorer la cage et se résigner, mais d’essayer d’en sortir !

Le pouvoir d’être soi, la liberté d’être soi

Vous pensez être libre, mais les événements vous agitent, nos dirigeants vous manipulent dans un sens ou dans un autre.

Et pendant ce temps, les problèmes et les malheurs s'accumulent juste sous votre nez et vous ne les voyez pas !
Vous pensez être libre, mais des *merdias* vous contrôlent et vous disent sur quel sujet il faut mettre toute votre énergie, quelle cause doit vous toucher, quitte à créer un déséquilibre, une indignation sélective…
Soyez vous-même en toutes circonstances, regardez autour de vous et indignez-vous par vous-même, sur ce qui vous touche vraiment sans attendre ou subir les diktats *mérdiatiques* !
Prenez du recul et réagissez à ce que vous pensez être juste et vrai au lieu de vous agiter sur les sujets ridicules qu'on vous impose ! Suivez mon regard...

Vous pensez être libre, mais quelqu'un d'autre manipule vos émotions par son comportement méprisant ou à cause de ce qu'elle pense de vous, ou parce qu'elle vous aime ou non ? Et pendant ce temps, une personne qui vous aime est juste sous votre nez et vous ne la voyez pas ! Le bonheur et l'estime de soi sont en vous !

Soyez libre d'être qui vous êtes vraiment et sortez de la matrice extérieure infernale.

LA LIBERTÉ EST À L'INTÉRIEUR DE VOUS !

L'authenticité

« L'être authentique ne porte pas de masque : il est comme il se présente et peut être vu. Il est intègre, honnête, loyal et sincère. Il accepte ses différences, il assume sa rareté et son unicité et il agit en fonction de ses valeurs et de ses croyances, non du regard d'autrui. Il parle comme il pense et il fait comme il dit, il vit dans la cohérence entre la parole et l'acte. Autrement dit, il est fidèle à lui-même de sorte que ce qu'il dit reflète ses sentiments profonds. Il se respecte et il respecte les autres. Il vit sa vérité, celle qui se

cache au centre de lui-même, se fichant des apparences. Il vit sa vie et il laisse vivre, ne tentant jamais d'imposer ses vues ou sa perception des choses et de la réalité. Il s'évalue à partir des critères de sa propre conscience en oubliant le regard d'autrui parce que leur appréciation tient pour lui peu d'importance.
Ainsi, l'être authentique écarte la peur du jugement, les jeux de pouvoir, la mentalité de victime et le sabotage du perdant. Il sait qu'il est préférable, et plus rentable à long terme, d'être lui-même que d'être bien vu et de devenir populaire. Il évite que l'acte faux prenne forme au sens qu'il écarte ce qui s'oppose à ses inclinations et à ses intuitions. En fait, il vit d'une façon détachée parce qu'il a éliminé le besoin de bien paraître aux yeux des autres du fait qu'il s'évalue à partir de ses propres critères et de ses valeurs personnelles. »
Texte de Bertrand Duhaime
(canalblog.com/tag/bertrand%20duhaime)

« Être authentique, ce n'est pas seulement ne pas mentir, c'est aussi oser dire la vérité, notre vérité.
Ce n'est pas seulement être franc envers les autres c'est aussi, et surtout, être vrai envers soi-même.
C'est dire non, enfin, quand on n'en peut plus de dire oui.
C'est aussi oser dire oui à autre chose, alors que la peur nous faisait dire non chaque fois qu'une nouvelle opportunité se présentait.
Ce n'est pas seulement oser s'affirmer une fois, c'est s'affirmer jusqu'à ce que l'autre ait compris.
C'est accepter de vivre ses émotions de joie et de peine quand elles surgissent et ne pas les retenir pour ne pas perdre la face.
C'est accepter d'exprimer sa colère lorsqu'il le faut, mais sans perdre le contrôle.
C'est oser être différent des autres, dans notre opinion, nos goûts, nos valeurs, et s'aimer complètement tel que nous sommes.
C'est suivre l'élan de notre âme, même si le chemin à emprunter n'est pas encore clair.

C'est laisser tomber les masques pour donner la chance aux autres de nous connaître tels que nous sommes vraiment. »
Texte de Diane Gagnon, extrait de son livre « *Apprendre à s'aimer un jour à la fois* » (site internet lasolutionestenvous.com)

Mohamed Ali, le plus grand boxeur de tous les temps, l'un des plus grands défenseurs de la cause des Noirs aux États Unis à son époque, se définissait ***comme un noir qui ouvre sa grande gueule !***

Ouvrez votre grande gueule de jeune noir vous aussi, soyez vous-même en toutes circonstances !

Soyez le changement que vous voulez voir dans la société

Avez-vous remarqué l'hypocrisie incroyable dans laquelle nous vivons tous ?

Avez-vous suivi les discours en toute occasion, privés ou publics, les débats politiques à la télé où les adversaires disent des "*mon frère machin*" par-ci, "*ma sœur telle*" par là, et les formules mielleuses comme "*je vous salue encore et encore*", "*Je vous fais le ziar*", "*Je prie pour vous tous ici présents et pour les téléspectateurs !*", etc.. "*Que Dieu vous guide et vous protège*", etc... On perd le tiers du temps imparti dans tous ces débats sociétaux ou politiques pour ces salamalecs kilométriques ! Est-ce vraiment nécessaire ? Je sais que nous ne sommes pas des sauvages et qu'il faut bien se saluer mais ne peut-on arrêter d'en rajouter autant ?

Dans un autre registre, nous sommes les champions de promesses non tenues dans la vie de tous les jours, on dit :

- *Je viens à telle heure pile* (en pensant que 2 heures après ce sera très bien)
- *Je t'appelle/rappelle* (sachant très bien qu'on n'appellera pas ou jamais)
- *J'arrive, je suis déjà en route* (on est dans son lit, voire même on sait qu'on n'ira nulle part)
- *OUI sans problème* (alors qu'on pense NON)
- *Revenez cet après-midi ce sera prêt Inchallah* (On revient tous les après-midis pendant des jours en vain... Mention spéciale à nos administrations !
- etc...

Et tout est constamment comme ça !
Un langage théâtral, mensonger, hypocrite, empêchant toute prise directe avec la réalité vraie, c'est-à-dire, le mécontentement refoulé d'un interlocuteur, la colère d'un adversaire, le ressenti d'un ami ou la possibilité pour l'autre de mieux organiser son emploi du temps !

Est-ce que de temps en temps, on pourrait essayer de se mirer dans une glace, de s'écouter parler, et de se remettre en question ? D'être plus sobre et plus authentique dans sa parole ?
Quand est-ce qu'on essayera de changer SOI-MÊME d'abord, avant de vouloir changer la société !
Après on s'étonne que notre société soit gangrenée par le mensonge politique, social, religieux, familial, conjugal, et j'en passe...

Et là, je ne vous parle même pas de l'hypocrisie de la société tout entière concernant les enfants mendiants qui sont devenus comme invisibles dans les rues et qui ne nous servent que lorsque nous avons besoin de demander quelque chose à Dieu pour nous !

Soyons le changement que nous voulons voir dans ce monde !

Le Pr Souleymane Bachir Diagne dit ceci dans une interview accordée au Quotidien, journal sénégalais :
« Cette manière de ramener tout à la responsabilité individuelle doit rester une attitude de tous les jours. Par exemple si dans une administration on déplore certaines choses mais qu'on se dit " je sais que ce n'est pas bon mais je fais finalement comme tout le monde, rien ne changera."

Ce type de raisonnement est la pire des choses. En revanche si l'on estime que le changement commence par soi-même on peut dans un système corrompu refuser de l'être car chacun devrait se dire je ne vais pas me comporter comme tout le monde, que Dieu me regarde et par conséquent que le système soit pourri ne devrait pas être une justification pour se laisser tremper dans la corruption. Certes en adoptant un tel comportement pour le changement on va ennuyer du monde et peut être même on sera taxé d'être celui qui empêche la machine de tourner en rond et qu'on sera même appelé par certains qui vous diront je vais vous montrer comment cela fonctionne ici. Eh bien l'attitude à adopter dans ce cas est de refuser de faire comme tout le monde : « je le refuse d'abord au nom de ce que je me dois à moi.
L'idée de responsabilité individuelle est celle sur laquelle nous devrions élever nos enfants parce que c'est la seule manière de sortir d'un système qui marche en dépit du bon sens. Pour changer un tel système il faut opérer par le changement individuel. »

C'est cela qui permet à tout politicien de venir nous mentir éhontément tous les jours et sur tout, de ne jamais respecter aucune promesse surtout pas électorale qui c'est bien connu n'engage que les électeurs crédules...
Et chaque fois on y croit, on n'apprend rien de la vie...
Après on s'étonne des *wax-waxeets* (promesses non tenues) de nos présidents et de nos politiciens opportunistes !

Cela fait du Sénégal le pays champion toutes catégories des discours, la République des promesses !

Par exemple, le naufrage du bateau Le Joola, prés de 15 années plus tard, aucune justice n'a été rendue, aucun mémorial spécifique pour rendre hommage aux victimes, aucune responsabilité n'a été située, ou enquêtes ou explications claires fournies au peuple, les promesses aux familles des victimes n'ont pas été tenues, 600 familles et 1400 orphelins non indemnisés, aucune mesure sérieuse prise afin d'éviter ce genre de catastrophe à l'avenir, on oublie et on attend la prochaine catastrophe car bien entendu, nos horribles habitudes d'indiscipline, de surcharge dans les transports en commun, d'impunité et de contrôle routier tarifé à la tête du client sont toujours en vigueur sur nos routes. Cette catastrophe n'est même pas inscrite dans nos programmes scolaires.
Donc absolument rien n'a changé suite de l'un des plus meurtriers naufrages au monde avec plus 2 000 morts et disparus selon les sources officielles !

Je vais vous raconter une expérience vécue pour illustrer ce manque de discipline.
Récemment, je veux prendre un *« 7 places »* assez déglingué et fatigué, la place devant a l'air libre, je demande au chauffeur, il me dit d'un air arrogant "*va derrière, ici, je vais en mettre 2*"
Je ne comprends pas bien sur le moment, mais bon je vais sur la banquette du milieu. Et une fois installés à 3 sur cette banquette, c'est plein, il veut en mettre un quatrième après avoir mis 2 passagers devant plus lui-même, cela fait 3 !!!
Donc ce n'est plus un 7 places mais un 9 places !
Mon sang n'a fait qu'un tour.
Moi : *non je refuse, et je me tourne vers les autres passagers en disant, on doit tous refuser, ce n'est pas normal !*
Lui : *c'est comme ça, je fais ce que je veux, sinon tu sors de ma voiture*

Moi : *je ne sors pas et je refuse ce 9e passager ! C'est une surcharge, c'est interdit par la loi, déjà 8 c'est interdit*
Lui : *je m'en fous sors de ma voiture*
Moi : *je ne sors pas, je vais appeler la police*
Lui : *Appelle la police !*
Puis il dit à tous de descendre car il ne part plus, je descends la dernière, tout en restant plantée près de la portière prête à rentrer dans la voiture dès qu'il fera mine de repartir...
Je vous épargne les épisodes où tout le monde s'en mêle, les autres chauffeurs, les clients, et les arguments du genre "*Ici nous sommes sénégalais, pas français, nous avons nos réalités*" ou encore "*si tu veux verbaliser les surcharges va sur la nationale et tu n'en finiras jamais*" et moi "*les accidents sur les routes au Sénégal sont souvent dus aux surcharges, qu'il faut qu'on apprenne à respecter les lois*", etc., etc... Les palabres !
Le chauffeur et sa voiture sont immobilisés durant plus une heure, chaque fois qu'il faisait entrer des passagers, je voulais aussi entrer dans la voiture en disant qu'il n'avait pas le droit de me refuser et que moi j'avais le droit de refuser la surcharge !
Au final comme il se faisait tard, je suis allée avec une autre voiture, et on est partis en laissant sa voiture vide, et pas sûr qu'avec l'heure avancée il puisse la remplir de nouveau !
J'ai au moins essayé de conscientiser, j'espère qu'au moins un en a tiré quelque chose… Pas sûr… Mais il faut essayer, malgré tout, de dire leur fait à certains inconscients et indisciplinés !

Nous devons avoir l'exigence d'être sévères avec nous-mêmes.

« On ne rend pas service à un peuple en lui masquant, par des expressions généreuses, mais sans contenu réel, ou applicable, les étapes inévitables de son développement, les obstacles qui entravent son évolution et menace sa sécurité, sa survie même et contre lesquels il sera forcé, un jour, de lutter. »
CHEIKH ANTA DIOP Antériorité des civilisations nègres.

Cher peuple Africain, il est temps de changer individuellement, car ce changement individuel fera le changement sur la conscience de masse de demain

CHANGEZ LA CONSCIENCE DE MASSE

La conscience de masse… Le phénomène du 100e singe, une raison d'espérer !

Quand j'ai eu vent de ce phénomène dit « du 100e singe », j'ai décidé de m'engager pour l'Afrique et de sortir définitivement de la désespérance, de l'afropessimisme, du sentiment d'impuissance que ressentent la plupart des Africains et Afrodescendants, qui parfois, n'en ont même pas conscience à force d'*allienation* et de conditionnement depuis des siècles.

Je vais vous raconter cette histoire, d'aucuns diront « pseudo scientifique », ou « pseudo spirituelle », mais il n'empêche que cette histoire donne un grand espoir pour le changement de la conscience de masse en Afrique, et sans avoir à convaincre chacun du milliard d'Africains que nous sommes…

Ken Keyes Jr est l'auteur de « *The Hundredth Monkey* », « *Le centième singe* ».
Le phénomène du 100e singe (de nombreux articles sur internet constituent la source de ce texte ci-dessus notamment le site lespasseurs.com)
« Une espèce de singe japonais, le macaque japonais (macaca fuscata), a été observée à l'état sauvage sur une période de 30 ans.

En 1952, sur l'ile de Koshima, des scientifiques nourrissaient les singes avec des patates douces crues en les jetant sur le sable. Les singes aimaient le goût des patates douces, mais trouvaient leur saleté déplaisante.
Une femelle âgée de 18 mois, a commencé à solutionner le problème en lavant les patates dans un ruisseau tout près. Elle enseigna cela à sa mère. Ses compagnes de jeu apprirent aussi

cette nouvelle façon de faire et l'enseignèrent également à leurs mères.
Cette innovation culturelle fut graduellement adoptée par différents singes devant les yeux des scientifiques. Entre 1952 et 1958, tous les jeunes singes apprirent à laver les patates douces remplies de sable pour les rendre plus agréables au goût. Seuls les singes adultes qui imitèrent leurs enfants apprirent cette amélioration sociale. Les autres singes adultes conservèrent leur habitude de manger des patates douces sales.

À l'automne de 1958, un certain nombre de singes de Koshima lavaient leurs patates douces.
Supposons que lorsque le soleil se leva un matin, il y avait 99 singes sur l'île de Koshima qui avaient appris à laver leurs patates douces et qu'un peu plus tard ce matin là, un centième singe apprit à laver ses patates.
Alors quelque chose d'étonnant se produisit !
Ce soir-là TOUS LES SINGES de la tribu se mirent à laver leurs patates douces avant de les manger. Un peu comme si l'énergie additionnelle de ce centième singe créa une sorte « de percée scientifique » !

Mais ce n'est pas tout : la chose la plus surprenante observée par ces scientifiques fut le fait que l'habitude de laver les patates douces se transmit de façon inexpliquée et simultanée le jour même à des colonies de singes habitant d'autres îles ainsi qu'à la troupe de singes sur le continent qui n'avaient eu aucun contact avec aucun singe des iles.
C'est ainsi que le macaque japonais fut surnommé le « laveur de patates ».

Conscience et masse critique

Cette histoire est remarquable car elle souligne deux points capitaux qu'il nous serait utile de retenir pour notre avenir à court et moyen terme.

Tout d'abord, pour qu'un tel changement soit possible, il ne suffit pas qu'un petit groupe adopte une attitude différente. Il ne s'agit pas ici de la domination exercée par une minorité utilisant la force et la coercition mais au contraire de l'accession d'un groupe à un niveau de conscience plus élevée. C'est ici la première clé.

La seconde clé : bien que le nombre exact puisse varier, ce « Phénomène du Centième Singe » signifie que lorsque seulement un nombre restreint de personnes apprend une nouvelle façon de faire, celle-ci peut devenir partie intégrante de la conscience de toute la communauté, de toute l'espèce.

Champs morphiques ou morphogénétiques.

Selon le chercheur biologiste Rupert Sheldrake, ce phénomène du centième singe mettrait en évidence l'existence des champs morphiques ou morphogénétiques, sortes de champs de conscience et de transferts d'informations propres à chaque espèce, quelle soit minérale, végétale, animale ou humaine. (voir sur ce site 100esinge.wordpress.com/tag/rupert-sheldrake/)

Rupert Sheldrake expliquerait ces transferts par les « champs morphiques » qui seraient déterminants dans le comportement des êtres vivants qui hériteraient d'habitudes de l'espèce par « résonance morphique ».
Selon lui, quand « un nombre assez important d'hommes sur Terre (une "masse critique") auront accédé à un niveau de conscience élevé, il sera plus simple pour le reste de l'humanité d'y parvenir… »

Nous sommes nombreux à penser que notre pensée intime, notre vision du monde propre, notre action individuelle ne peuvent rien contre la marche du monde. Et pourtant…
Nous pouvons avoir l'impression d'être impuissant, mais…, mais si nous étions ce « centième singe », celui qui fait basculer, celui qui permet de rendre possible le changement ?
Ce phénomène du 100e Singe a le mérite de nous rappeler que la prise de conscience individuelle, adoptée par un groupe même restreint, peut se diffuser et se propager et avoir un impact considérable !
Les nouvelles technologies de communication actuelle, les réseaux sociaux favorisent encore plus grandement la rapidité de cette réalité.

Regardons ce qui c'est passé avec la lutte des droits civiques aux États Unis, Rosa Park, une frêle jeune femme, qui en a été l'élément déclencheur…

Regardons ce qui c'est passé durant la lutte contre l'Apartheid et qui aurait cru que cela finirait un jour, alors que la terreur régnait et que les leaders étaient emprisonnés ?

J'ai décidé de m'engager dans la bataille de la conscientisation grâce à cette histoire de 100e singe, car j'ai réalisé que je n'avais pas un milliard d'Africains à conscientiser, que je pouvais convaincre un nombre restreint de personnes et avoir quand même un impact positif et pourquoi pas, obtenir même un basculement total si ce nombre de personnes atteignait une masse critique.

Au niveau individuel, c'est la prise de conscience qui est la clé.
Au niveau collectif, c'est notre nombre.
Entre les deux, la masse critique est la solution.

Vivement que le phénomène du 100e singe se produise en Afrique pour une renaissance éclatante.

Je compte sur vous les jeunes pour apprendre à toute la communauté une nouvelle voie, une nouvelle conscience afin de déclencher ce phénomène de 100e singe...

La conscience de masse est l'addition de toutes nos consciences individuelles, et la majorité l'emporte dans un sens ou dans l'autre...

Comme disait André Gide, «*je crois à la vertu des petits peuples. Je crois à la vertu du petit nombre ; le monde sera sauvé par quelques-uns.* »

ET SI L'AFRIQUE ÉTAIT UN ÊTRE HUMAIN ?

Un jour, j'avais constaté que, quoi que l'Afrique faisait, elle était engluée dans les ondes négatives et mortifères, et que le monde entier à travers les *merdias*, les clichés, les préjugés essayaient de l'y maintenir encore et encore, et certains Africains eux-mêmes étaient compris dans ce lot à force d'*allienation*.

Je me suis mise à imaginer l'Afrique sous la forme d'un être humain, d'une jeune fille très malheureuse car ayant subi toutes sortes d'exactions, d'atrocités, d'outrages et qui chaque fois qu'elle essayait de se relever, on lui disait « *Mais ma pauvre, tu n'y arriveras jamais, tu ne vois pas combien tu es nulle, moche, corrompue, violente, toi-même tu ne t'aimes pas, tu ne connais pas ton histoire et tu n'as aucun avenir !* ».

Alors, j'ai vu une sorte d'évidence, si l'Afrique était un être humain, cela fait longtemps qu'elle se serait suicidée, et qu'elle aurait disparu de la face du monde ! Et je me suis dit que l'Afrique méritait notre admiration pour sa résilience sans égale depuis plusieurs siècles.
Et j'ai décidé d'être celle qui apporterait des ondes positives à l'Afrique, contre vents et marées, même si je devais être seule au monde à le faire ! Je me suis jurée qu'aucune mauvaise onde ne passerait par moi pour engluer encore plus l'Afrique...

J'ai créé la Revue des bonnes nouvelles d'Afrique sur Internet et j'ai débarqué dans les réseaux sociaux, bien décidée à ne parler que de positif concernant l'Afrique, quelles que soient les circonstances, les guerres, les catastrophes, etc…
Et contrairement à ma crainte au départ, les bonnes nouvelles se sont mises à pleuvoir, je n'avais aucune peine à les trouver…

Je voyais cet engagement comme l'apport d'une petite lumière dans une grotte obscure et je me disais avec entêtement qu'une petite lumière pouvait dissoudre l'obscurité !

Les gens m'interpellaient sur ce comportement jugé incongru, parfois m'insultaient, me traitaient de folle ou d'aveugle, au pire d'autruche, mais j'ai tenu bon…
J'avais créé un groupe intitulé Diasporas Noires et où il était interdit de poster des mauvaises nouvelles et j'ai eu maille à partir avec beaucoup à cause de cette interdiction farouche et incomprise ! J'ai dû créer un autre groupe en mettant « bonnes nouvelles » dans le titre afin que cela soit plus clair... Aujourd'hui nous sommes prés de 30 000 personnes dans ce groupe Diasporas Noires (Littérature et Bonnes Nouvelles).
Et je mettais des bonnes nouvelles tous les jours dans les réseaux sociaux, et je répétais inlassablement mes slogans, comme un leitmotiv « Malgré les circonstances chaotiques actuelles, le 3e millénaire est Africain, le saviez-vous ? » ou « Soyez Afroptimistes, lisez les Bonnes Nouvelles d'Afrique ! »

Parmi ces nouvelles, la jeunesse Africaine sur le continent et Afrodescendante à travers le monde se distinguaient chaque jour avec des inventions majeures, une créativité entrepreneuriale, il y avait des personnalités intelligentes et inspirantes, des historiens qui découvraient des pans entiers de notre Histoire dans la digne lignée de Cheikh Anta Diop, des avancées culturelles, du génie artistique à tous les étages… J'étais si heureuse de découvrir toutes ces avancées positives dont aucun *merdia* mainstream international ne parlait jamais, ni même certains médias nationaux d'ailleurs… La misère faisait plus vendre !

Et l'Espoir devint énorme et difficile à contenir pour tout lecteur de ses bonnes nouvelles !

Et la Revue des bonnes nouvelles d'Afrique se mit à gagner une audience dans des contrées insoupçonnées du monde, de l'Afrique au Japon, de l'Indonésie aux fins fonds de l'Europe, dans toutes les iles lointaines habitées par des Afrodescendants, partout, surtout aux États-Unis, premier pays visiteur du site depuis des années !

Et on me donna le sobriquet « *Madame Afro-optimiste* » dans les réseaux sociaux ! Comment vous dire ma fierté !?

Soyez des maitres incarnés !

« La maîtrise de la pensée est la forme la plus élevée de la prière.
Par conséquent, ne pense qu'à de bonnes choses, qu'à des choses justes.
Ne t'arrête pas à la négativité et à l'obscurité. Et même dans les moments où les événements se présentent plutôt mal - surtout dans ces moments-là -, ne vois que la perfection, n'exprime que la gratitude et n'imagine que la manifestation de la perfection que tu choisis ensuite.
Dans cette voie se trouve la tranquillité. Dans ce processus réside la paix. Dans cette conscience existe la joie. »
Extrait de conversations avec Dieu de Neale Donald Walsch

Et un beau jour, des journaux comme Jeune Afrique ou le Point se mirent à faire des « unes » très positives sur l'Afrique, les revues de bonnes nouvelles se sont multipliées sur Internet relatant les innovations et les inventions en Afrique, des groupes Facebook se sont formés sur ces thèmes, etc…

À partir de ce moment-là, je fus soulagée, et mon engagement pris plus une tournure de dénonciation et de conscientisation des Africains sur les prédations subies par l'Afrique, la nécessité de l'Union, la nécessité de l'Éveil, de l'estime de soi, de la conscience de notre Histoire et de notre apport à l'Humanité, et cela, sous forme de conférences panafricaines où je suis invitée, ou que j'organise moi-même tous les mois à Dakar.

La forme de l'engagement change mais le fond demeure, l'optimisme, la croyance en l'Afrique et en nous-mêmes, la conscientisation d'un maximum d'Africains avec l'objectif d'atteinte de la masse critique permettant le basculement de la conscience de masse !

Je crois profondément que, pour qu'une réalité soit effective, il faut l'avoir rêvée, imaginée, et il faut avoir maintenu cette vision tous les jours pour qu'elle se mette en place petit à petit, nous sommes les créateurs de nos vies !

Maintenons notre vision d'une Kama belle, unie, souveraine, riche, fraternelle, une Katiopa entourée de tous ses enfants debout !!!
Et cela se réalisera…
L'énergie vient du futur !
Le but engendre l'énergie créatrice.
C'est ce qui permet à Goethe de dire : *« la décision crée la magie »*. Il faut se projeter en décidant et en rêvant, pour que l'énergie se mette en mouvement !
Un monde « non rêvé » ne se réalisera jamais...

Ne nous laissons pas paralyser par la peur et par les drames !
Rêvons et Réalisons !!!

Prenons le pouvoir sur la peur ! C'est un impératif spirituel !

L'APPEL DE L'AFRIQUE A SES ENFANTS

Cet appel vient du fond des entrailles
Du fond des âges, de l'éternité
Du fond des temps tourmentés
Du fond de siècles meurtris, ensanglantés
Et de toutes ces années de souveraineté violée…

L'Afrique VOUS appelle, oui VOUS, et VOUS encore…
NOUS TOUS

Venez dit-elle
VOUS mes enfants, venez me délivrer
Ne me laissez plus maltraiter, piller, plier
Ne me laissez plus violer, violenter
Ne me laissez plus broyer, soudoyer

À moi, à moi mes enfants chéris
Ceux qui sont tout près de moi
Ceux qui sont loin, mais près de mon âme
Ceux qui sont perdus dans les froids méandres ennemis
Ceux qui sont justes, ceux qui sont traîtres, ceux qui sont vils
Ceux qui sont fatigués, hagards, exsangues et ne veulent que dormir…

Réveillez-vous, réveillez-vous
Reprenez-vous
DEBOUT mes enfants DEBOUT !

Venez à la source de mon Humanité
Venez vous ressourcer dans mes racines profondes
Venez vous régénérer dans ma spiritualité ancestrale
Venez vous assoir au coin de mon feu sacré

Venez à l'ombre de ma généreuse nature

Je suis la Terre nourricière et je suis l'abondance
Mes seins sont toujours jeunes et mon lait succulent
Mes cascades jaillissent rafraichissantes et enivrantes
Mes pierres précieuses brillent au fond de toutes mes cavités

Tout cela sera enfin à vous, car j'en ai gardé pour vous
Ma richesse est sans limites malgré tous les pillages
Ma richesse est votre grande force malgré les esclavages
Ma richesse est votre sourire malgré toutes les épreuves
Ma richesse est votre belle âme malgré les perditions

Vous êtes des ÊTRES IMMENSES
Revêtez enfin votre magnificence
Reprenez votre puissance

Je VOUS attends, je NOUS espère…
DEBOUT mes enfants DEBOUT libres de toutes chaines
AMORCEZ LA RENAISSANCE AFRICAINE, CHACUN, TOUS, ENSEMBLE, UBUNTU, UNIS, ENFIN !!!

Ce poème, je l'ai écrit en quelques minutes fin 2014 pour marquer le passage à 2015. Et je l'ai partagé tout de suite dans les réseaux sociaux.

Et trois mois plus tard, mon ami Mignane (Mamadou Diouf) m'appelle pour me proposer de faire partie du Comité d'initiative qui travaille à organiser un congrès pour une Afrique Fédérale (les États Africains Unis) en moins d'une génération ! Whaou !
Quand les membres de ce comité ont tout à fait par hasard, lu ce poème écrit plusieurs mois plus tôt et que j'avais incorporé dans une intervention en Mauritanie dans un colloque, ils n'en revenaient pas, car disait mon ami le Dr Dialo Diop, j'avais résumé et exprimé en vers, ce qu'ils avaient eux exprimé en prose

dans ce qu'ils appelaient aussi « L'appel » pour le congrès. Ce poème est donc naturellement devenu le poème officiel du comité d'initiative auquel je suis fière d'appartenir et il a été traduit en Swalihi, en Anglais, etc…

L'appel pour les États Africains Unis

Nous recherchons des membres dans tous les pays pour former des comités nationaux, des comités régionaux, merci de répondre à cet appel de Mama Africa !
Vous pouvez trouver toutes les informations sur ce comité et répondre à l'Appel en signant la pétition en ligne en vous rendant sur le site *www.etatsafricainsunis.org*.

L'EDUCATION *ALLIENANTE*

LA LANGUE FRANÇAISE ET NOUS

Kateb Yacine un célèbre auteur Algérien considérait la langue française comme le « butin de guerre » des Algériens.

« La francophonie est une machine politique néo-coloniale, qui ne fait que perpétuer notre aliénation, mais l'usage de la langue française ne signifie pas qu'on soit l'agent d'une puissance étrangère, et j'écris en français pour dire aux Français que je ne suis pas français », déclarait-il en 1966.

C'est bien de savoir se disputer dans une langue et que notre interlocuteur, de plus « dominant », saisisse bien tout ce que nous voulons dire, n'est ce pas ?

Je suis contente de maitriser la langue française, car c'est cela qui me permet aujourd'hui, de répondre au mépris en utilisant les subtilités, des jeux de mots, les nuances et d'écrire et décortiquer tous ces mots dans un chapitre précédent « La guerre des mots aura bien lieu » !

Il a bien raison Kateb, la langue française nous a été imposée par les colons, et ensuite par nos dirigeants qui ont manqué de vision lors de l'acquisition des indépendances, et l'ont perpétuée jusqu'à aujourd'hui.

Leopold Sédar Senghor l'a même renforcée en imposant des cours de latin et de grec dans tous les lycées publics du Sénégal. Moi-même j'ai appris 6 ans le Latin.

Alors, ceux qui nous disent que nous contestons le néocolonialisme français, EN FRANÇAIS, et que c'est un paradoxe, je répondrais que nous n'avons pas d'autres choix pour l'instant et le jour où notre SOUVERAINETÉ sera VRAIMENT EFFECTIVE, nous pourrons nous préparer sur plusieurs années à apprendre une ou plusieurs langues africaines, par exemple le Swahili, afin d'échanger avec le plus grand nombre d'Africains dans le futur et à ce moment-là, le français pourra être relégué en une langue complémentaire de communication avec le reste de monde et non une langue administrative ou d'études en Afrique !

Mais je suis de ceux qui pensent que la langue française ne disparaitra jamais complètement d'Afrique, même si nous en avons les moyens un jour, ni l'anglais d'ailleurs !
Ce n'est pas le but !

Notre revendication n'est pas celle-là, nous voulons juste que les langues africaines prennent leur vraie place dans nos études et dans notre administration, et que nos enfants ne soient plus handicapés dès leur jeune âge en essayant de comprendre si jeunes les concepts difficiles d'une langue étrangère à leur culture et qui n'est pas leur langue maternelle, et qui leur porte préjudice pour assimilation optimale par exemple des maths, d'autre part, la population également rencontre de sérieux problèmes administratifs ou législatifs avec cette langue qu'on leur impose et qu'elle ne comprend pas et ne parle pas (seulement 29 % de la population parle le français au Sénégal, chiffres OIF).

Le capitaine Thomas Sankara a fait tout un discours sur le sujet dont je reproduis quelques extraits ci-après :

« *Nous voilà francophones par le fait colonial, même si chez nous seuls 10 pour cent de Burkinabè parlent français. En nous proclamant de la francophonie, nous annonçons et intériorisons deux préalables : La langue française n'est qu'un moyen d'expression de nos réalités et comme toute langue, le français doit s'ouvrir pour vivre le fait sociologique et historique de son devenir.*

La langue française a été pour nous d'abord la langue du Colonisateur, le véhicule culturel et idéologique par excellence de la domination étrangère et impérialiste.
Mais c'est avec cette langue par la suite que nous avons pu accéder à la maîtrise de la méthode d'analyse dialectique du phénomène impérialiste et être à même de nous organiser politiquement pour lutter et vaincre.
Aujourd'hui le peuple burkinabé et sa direction politique, le Conseil national de la révolution, utilisent la langue française au Burkina non plus comme le vecteur d'une quelconque aliénation culturelle, mais comme moyen de communication avec les autres peuples.
[...]
Enfin, le Peulh, le Mooré, le Bantou, le Wolof et bien d'autres langues africaines ont assimilé, toute colère contenue, les termes oppressants et exploiteurs : impôts, corvées, prison.
Cette diversité nous rassemble dans la famille francophone. Nous la faisons rimer avec les mots amitié et fraternité.
Refuser d'intégrer les autres langues c'est ignorer l'origine et l'histoire de sa propre langue.
Toute langue est la résultante de plusieurs autres aujourd'hui plus encore qu'hier, en raison de la perméabilité culturelle que créent, en ces temps modernes, les puissants moyens de communication.
Refuser les autres langues c'est avoir une attitude figée contraire au progrès et cela relève d'une idéologie d'inspiration réactionnaire.
Le Burkina Faso s'ouvre aux autres peuples et attend beaucoup de la culture des autres pour s'enrichir davantage, convaincu que nous tendons vers une civilisation universelle qui nous conduira vers une langue universelle. Notre utilisation du français se situe dans ce sens. »
Thomas Sankara ,17 février 1986

Et mon ami Khadim Ndiaye historien de compléter :
« Oui, il y a une nécessité de la décolonisation de la langue pour en extraire le "poison nocif" qui aliène. Ce n'est qu'à cette condition que nous en ferons, non une langue élitaire, une langue de prestige et de promotion sociale, censée ouvrir les portes du pouvoir, mais un simple instrument de communication qui nous ouvre à l'international et qui vient s'ajouter aux langues maternelles maîtrisées et enseignées dans nos écoles. »

LE SYSTEME EDUCATIF COLONIAL

Et Cheikh Anta Diop nous dit « *La jeunesse doit être à l'avant-garde de la libération de notre continent.* ».

Les jeunes doivent conduire le changement de conscience afin que l'Afrique devienne une belle terre promise pour tous ses enfants, au lieu d'être le paradis des nombreux prédateurs qui l'agressent de partout...

Et pour que nos jeunes puissent conduire ce changement essentiel, il faut que le système éducatif soit refondé entièrement partout en Afrique et surtout en Afrique *franconfaune*, où nous sommes tous le produit d'un système éducatif colonial très bien construit et ficelé pour nous *allièner* durablement et de manière sournoise.

Dans une lettre du gouverneur du "Sénégal et dépendances" et de l'AOF (Afrique occidentale française). Jean Jubelin du 23 mars 1829 (cette lettre a 186 ans) adressée au ministre de la Marine, il est écrit qu'il faut :
« *Amener les habitants indigènes à la connaissance et à l'habitude du français et associer pour eux à l'étude de notre langue, celle des notions les plus indispensables. Leur inspirer le goût de nos biens et de nos industries. Enfin créer chaque année parmi eux une*

pépinière de jeunes sujets propres à devenir l'élite de leurs concitoyens, à éclairer à leur tour et à propager insensiblement les premiers éléments de civilisation européenne chez les peuples de l'intérieur. Tels devaient être les fruits du nouvel établissement."

Ce projet du "*nouvel établissement*", c'est-à-dire, l'école, a été admirablement résumé par Jean-Paul Charnay dans son "*Essai général de stratégie*" :

"... il s'agit de créer dans l'esprit des individus un choc de légitimités, ***susciter le doute quant aux adhésions traditionnelles****, transformer une coexistence de structures (étatiques ou parallèles) en conflit de foi, et pour cela adapter les méthodes aux diversités ethniques et sociologiques. Cette conquête des populations est non moins physique,* ***mais intime, morale****... »*

Le monde de l'Éducation est en crise partout en Afrique *franconfaune...*

Et toutes mesures même d'envergure n'y pourront rien et ne suffiront pas à endiguer cette crise...

La crise n'est pas seulement d'ordre financier ou de reconnaissance de nos enseignants ou de nullité de plus en plus abyssale des élèves et étudiants...

C'est une MAL-A DIT !

C'est comme quand on a constamment mal à la tête parce que notre foie est malade d'un cancer...

C'est un cancer profond qui le ronge et le plonge dans le malaise depuis des décennies

C'est le cancer des programmes caricaturaux non conformes à nos identités africaines.

C'est le cancer de la géographie européenne apprise par cœur, le spectre de ces rois et grands hommes européens qui squattent la tête de nos enfants nuit et jour, alors que les nôtres en sont totalement absents.

C'est le cancer de cette éducation européenne qui dit à nos enfants que le Saint Graal est d'aller étudier en Europe après son bac ou d'aller y travailler coûte que coûte au péril de sa vie.

C'est ce cancer qui insidieusement, montre à nos enfants des images falsifiées d'eux-mêmes quand ils se regardent dans le miroir et qu'ils sont obligés de mettre des perruques ou cheveux lisses « naturels » et des masques jaunâtres de peau dépigmentée pour mieux s'identifier au péril de leur santé...
C'est le cancer de la perte d'identité et des valeurs africaines qui créent un dysfonctionnement et une dissonance grave.
Je ressens de l'impuissance face à ces vagues de jeunes « migrants » vers l'Europe. Je n'ai pas de solution face à ce problème et c'est d'autant plus triste et déplorable que les dirigeants africains ne réagissent pas et répondent par l'inaction et l'indifférence. La seule chose que je peux faire, c'est d'essayer de conscientiser les jeunes. Pour leur dire que l'Afrique a sa jeunesse, ses ressources, sa richesse et peut s'en sortir par ses propres moyens.

L'éducation de nos enfants est très importante et elle est vraiment à refonder complètement. Notre système d'enseignement, hérité de l'*oxydent* n'a pas changé, nos livres scolaires sont rédigés en Europe, et érigent l'*oxydent* comme modèle en tout, nos enfants apprennent les grands hommes d'Europe et pas les nôtres comme Cheikh Anta Diop pourtant un grand savant. Ce que l'on met dans la tête de nos enfants est tout à fait erroné. Je mène un travail de conscientisation pour dire aux Jeunes Africains d'arrêter de regarder l'Europe comme un Eldorado. C'est dans ce cadre que j'ai créé la « *Revue des bonnes nouvelles Afrique* » pour rehausser leur estime de soi.

D'ailleurs ils ont falsifié à dessein notre histoire, nos traditions jusqu'à la carte d'Afrique qui est beaucoup plus grande que celle qui circule depuis des siècles, ils ont TOUT minimisé, absolument tout ce qui nous concerne !
Ce cancer n'est nullement de la faute des enseignants, ni de celle des élèves… Les politiques publiques doivent s'atteler à une refonte globale et courageuse de tout ce système éducatif colonial

dans sa base, sinon rien ne fonctionnera plus dans ce grand corps malade.
IL EST PLUS QUE TEMPS !!!

Sans parler du fait que le système éducatif en Afrique *franconfaune* est défaillant et se trouve être un facteur de création du chômage. Les enseignements ne sont pas adaptés aux demandes du marché.
C'est pour cela que je me tue à dire aux jeunes dans toutes mes conférences qu'il faut qu'ils aillent vers l'entreprenariat et l'auto-emploi.

Malcom X nous disait
"Il est vraiment idiot de confier à son ennemi l'éducation de ses enfants"

En l'occurrence, depuis près de 60 ans, nos dirigeants ne font rien et notre ennemi continue donc de nous éduquer, tranquillement, grâce au système qu'ils nous ont laissé… Et qu'ils continuent de renforcer avec leurs écoles françaises où se précipitent toutes nos élites et nos masses moyennes pour échapper à l'enseignement désastreux de nos écoles publiques laissées à l'abandon par le pouvoir.
C'est à se demander parfois, si nos dirigeants ne sabotent pas exprès l'Afrique, notamment les domaines comme l'éducation et la culture, afin de laisser le champ libre aux écoles et aux centres culturels de nos prédateurs qui, du coup ont le beau rôle.

L'ennemi n'éduquera pas nos enfants dans le sens de nos intérêts.

L'ennemi n'éduquera pas, ni ne sensibilisera nos enfants dans le sens de nos intérêts mais des leurs.

Pendant combien de générations encore, allons-nous continuer à abandonner nos enfants au conditionnement de l'ennemi qui continue à fabriquer des intellectuels soumis à sa cause ?

Créons nous-mêmes les dispositifs d'éducation de nos enfants.

Arrêtons d'utiliser leurs outils éducatifs, leurs outils d'expansion de leurs propres intérêts, d'aller à leurs conférences, d'adhérer à leurs mouvements souvent créés pour canaliser la grogne des plus faibles (des plus faibles en occident et dans le monde) afin de saboter leurs revendications, arrêtons de prendre les aides de leurs grosses ONG qui ne sont que leurs bras armés dans un gant de velours pour mieux nous piller en nous saupoudrant de quelques miettes dans des petits villages-pilote, pour mieux nous asservir à leur idéologie et nous empêcher de nous prendre véritablement en mains, etc…

Le jour où nous comprendrons tout cela, nous serons plus libres de créer notre propre chemin avec nos propres moyens et ce jour-là nous verrons que nous sommes infiniment plus riches qu'eux dans tous les domaines !

Heureusement que beaucoup d'entre nous sont des rescapés de leur système d'*allienation* bien rodé.

Pourquoi glorifie-t-on encore et toujours nos bourreaux ?

Cette *allienation* nous conduit par exemple sous couvert de conservation de patrimoine historique à laisser une énorme statue d'un des plus grands bourreaux de nos Ancêtres, trôner encore en Afrique en 2017 sur la plus belle place de Saint-Louis et pire encore, avec une plaque « *À louis faidherbe, le Sénégal reconnaissant* ».

Pourtant les statues de colons sont déboulonnées ailleurs en Afrique même celui de Gandhi au Ghana fait l'objet d'une demande d'enlèvement avec une pétition car on lui reproche ses écrits antikamites !

Pourquoi leurs statues trônent-elles toujours aussi fièrement dans nos villes, alors que nos propres héros n'ont pas droit de cité ?
Pourquoi les remercie-t-on par des plaques, de quoi sommes-nous reconnaissants au juste ?
Pourquoi nos rues portent-elles encore leurs noms synonymes de terreur pour nos Ancêtres ?
Pourquoi apprend-on encore à nos enfants les soi-disant bienfaits de leur oppression ?

Récemment encore François Fillon s'est permis de dire pour justifier la colonisation que « *la France n'est pas coupable d'avoir voulu faire partager sa culture aux peuples d'Afrique* ».

Trouve-t-on des statues d'Hitler en Israël ?
Leur parle-t-on des bienfaits de la shoah comme on nous parle à nous des bienfaits de la colonisation et de l'esclavage ?
Donne-t-on "*Mein kampf*" à étudier aux Juifs à l'école ?

Pourquoi les hommes d'Europe hantent-ils toujours nos livres scolaires (toujours élaborés et imprimés en France) alors que nos grands hommes et grands rois en sont absents ou présentés sous leurs plus mauvais jours comme des sanguinaires assoiffés de sang ?

Pourquoi le "mausolée" de Lat Dior est dans un état si délabré, où les hyènes viennent pisser la nuit, pendant qu'on entretient et fait briller les statues de nos bourreaux ? Le Patrimoine historique digne de ce nom est-il seulement le patrimoine laissé par les colons ?

Les mots sont des armes redoutables et ces mots qui nous méprisent pullulent dans notre système éducatif, dans nos systèmes de référence et dans notre subconscient !

Avez-vous remarqué que dans leurs livres ou dans leurs cours d'Histoire nos rois sont toujours présentés comme des despotes sanguinaires et injustes envers leurs populations, esclavagistes, coupant des têtes pour un oui ou un non ? Avez-vous remarqué que notre spiritualité ancestrale est présentée comme de l'animisme, de l'idolâtrie, du polythéisme ou de la sorcellerie ? Ce qui est archi-faux bien sûr, nous y reviendrons plus loin…

Les thèses de Cheikh Anta Diop vont enfin être étudiées au Sénégal d'après une annonce récente, comme c'est le cas dans de nombreuses universités du monde, au lieu de se contenter de mettre juste son nom au fronton d'une université des plus vétustes ? A-t-on un calendrier précis ?

Et maintenant ? Que pouvons-nous attendre concrètement de cette magnifique nouvelle ? Quelle réforme de l'enseignement sera mise en œuvre afin de non seulement intégrer les enseignements de Cheikh Anta Diop à l'école et à l'université mais également supprimer tout néocolonialisme globalement de notre système éducatif ? Ces 2 objectifs doivent aller de pair !

Ces mesures doivent être prises partout en Afrique, œuvrons pour que cela se fasse partout dans les plus brefs délais !
Il faut également intégrer dans les programmes tous les historiens Africains ou Afrodescendants car il y en a de plus en plus dans le sillage du grand Cheikh Anta Diop et qui complètent ses travaux.

Je reprends ci-dessous certains passages de plusieurs articles écrits par Khadim Ndiaye, historien et spécialiste de Cheikh Anta Diop.
« Cheikh Anta Diop a fait le constat du dépérissement de la

personnalité de l'Africain, du Noir en général, qui a un besoin réel d'être renforcée par la mise en place d'un cadre culturel approprié : « La personnalité du Noir, écrit-il, est la plus délabrée de toutes, comparée à celles des autres ex-colonisés : ces derniers bénéficient, en général, d'un cadre culturel et d'une superstructure moins entamés, qu'il faut, souvent recréer ici. La création d'une conscience collective nationale, adaptée aux circonstances, et la rénovation de la culture nationale sont le point de départ de toute action progressiste en Afrique noire. C'est le moyen de prévenir les diverses formes d'agressions culturelles. »

L'identité culturelle joue un peu le rôle de « puissance vitale » qui renforce la personnalité. Vous êtes fort si vous avez une personnalité solide ; vous régressez si vous perdez votre identité culturelle. C'est ce qui arriva à l'Égypte ancienne qui avait « civilisé le monde » et sillonné les mers, mais qui « ne savait plus construire que des barques en argile » du fait, nous dit Cheikh Anta Diop, d'une « perte continue de la souveraineté nationale depuis l'arrivée des Perses en 525 av. J.C. ». Une souveraineté conservée, de même qu'une éducation maîtrisée, font partie des choses qui renforcent la personnalité : « Lorsqu'un peuple cesse d'être maître de son système éducationnel, il régresse », nous dit-il.

« Le facteur historique doit permettre à chaque Africain de lutter contre le tiraillement - Cheikh Anta Diop parle de « flottement » - d'une personnalité altérée par l'aliénation culturelle induite par la colonisation dont « le but est d'arriver, en se couvrant du manteau de la science, à faire croire au Nègre qu'il n'a jamais été responsable de quoi que ce soit de valable, même pas de ce qui existe chez lui. ». « En prenant désormais conscience que ce sont ses Ancêtres, disait-il, qui ont civilisé le monde jusqu'au 12e siècle, l'Africain doit donc par là, acquérir une fierté légitime (différente de la suffisance) incompatible avec l'idée d'un joug étranger, sous quelque forme que ce soit. » Fin de citation

Au Brésil, ils ont décidé récemment d'enseigner Cheikh Anta Diop dans les écoles et universités, c'est déjà le cas dans certaines universités américaines, dans certaines universités en Afrique c'est aussi le cas notamment au Cameroun et dans l'Afrique Anglophone.

Mais il faut que cela soit fait à partir de l'école primaire partout, afin de façonner positivement les têtes de nos enfants, la survie de l'Afrique en dépend, la souveraineté de l'Afrique en dépend, l'unité de l'Afrique en dépend !

Donc une grande évolution de conscience doit avoir lieu en Afrique dans tous les domaines et à tous les niveaux surtout dans l'éducation…

Oui, abandonnons définitivement le système éducatif colonial, je veux parler de tous ses aspects sournois qu'il va falloir démasquer et écarter des livres d'histoire, de géographie ou de français, des discours des enseignants, et de nos cerveaux en tant que parents, etc…

Il faudrait mener de véritables recherches à ce niveau pour une éradication totale de ces aspects sournois de ce système d'*allienation* qu'on nous inocule depuis la petite enfance.

OSONS nous définir nous-mêmes, au lieu de toujours nous laisser définir par le miroir déformant que les autres nous tendent.

« Et dans la diaspora, c'est la même chose, en pire… Quand les oxydentaux viennent en Afrique, la première chose qu'ils créent c'est une école et ils y mettent leurs enfants pour que les petits à travers cette école apprennent les us et coutumes du pays d'origine. Ils n'apprennent jamais à leurs enfants à s'insérer dans nos communautés africaines. Il est temps que nous de la diaspora

de réunir nos enfants même si c'est pour le week-end pour qu'ils apprennent qui nous sommes, d'où nous venons au lieu de les ramener en touristes en Afrique.

Il est temps de transformer nos consulats qui ne servent pas à grand-chose en musée sur nos pays et en écoles africaines le temps d'un week-end même si on doit payer pour cela.... Ce qui permettra aux consulats de s'autofinancer... » Nous dit un activiste sénégalais vivant à Londres, Thiebou Kéthiakh (allez vous informer sur son excellent site (seneleaks.com).

« Le Frère Africain m'a dit : "Nous Africain, vivons dans le désastre ! Unissons-Nous !"
Oui ! Ce désastre se trouve dans nos écoles ! Ce désastre se trouve dans notre système éducatif !
Dans l'éducation des jeunes ! L'espoir est dans ma génération et la suivante. Chacune d'elle amène sa pierre à l'édifice ! Mais vous (les anciens) devez cesser de nous (jeunes) plonger dans les voies du passé.
Ces voies n'ont pas fonctionné. Elles ne vous ont pas amenés là où vous dites vouloir aller. Mais si vous ne faites pas attention, vous allez arriver là où vous vous dirigez !
Alors arrêtez-vous !
Faites demi-tour !
Rassemblons nos pensées et croyons ensemble à la vision la plus grandiose de la vision la plus grande que nous n'ayons jamais eue en tant qu'Africains. Puis, prenons les valeurs et les concepts qui sous-tendent une telle vision et enseignons-les dans nos écoles. Pourquoi pas des cours comme :
- La pensée africaine
- L'égyptologie
- Les langues et civilisations africaines
- Science et Spiritualité
- Développer la créativité
- Comprendre le pouvoir
- Résolution paisible des conflits

- La tolérance
- Diversité et Similitude
- Économie fondée sur l'éthique
- Conscience créative et pouvoir de l'esprit
- Conscience et éveil
- Visibilité et transparence
- Engagement et responsabilité
Je parle d'une révision complète des programmes de nos écoles. Je parle d'un programme fondé sur les valeurs africaines !
Certains diront que les Jeunes ont encore des idées folles. Mais votre système n'a pas fonctionné !!! »
Texte du jeune Bara Al Amine Thiam (texte inspiré de Neale Donald Walsch l'auteur de Conversations avec Dieu)

« C'est par le culte du travail qu'un pays se développe... Par une bonne éducation de sa population... Une éducation centrée vers la professionnalisation de ses étudiants....Une éducation qui forme et produit des hommes de sciences... Mais malheureusement notre système éducatif est une fabrique de beaux parleurs et non d'acteurs... Le système est une industrie qui fabrique des automates et des répétiteurs en tout genre, capable de pratiquer le principe de copié-collé sénégalais. De grâce investissons-nous dans l'entreprenariat car l'État ne garantit pas l'emploi... »
Nous dit encore ce même jeune Bara Alamine Thiam.

Et pour finir ce chapitre, voici un texte humoristique, trouvé dans les réseaux sociaux d'un auteur inconnu, à mourir de rire mais il y a un fond de vérité :

« Depuis que j'ai quitté l'école, on ne m'a pas encore parlé de cosinus de quelque chose dans la rue !!! Quand je compte mon argent non plus, il n'y a pas x dedans, ni racine carrée ! Je n'ai pas encore vu un signe de valeur absolue sur une seule facture ! Les descendants de Pythagore et Thalès n'ont jamais essayé d'entrer en contact avec moi ! Je n'ai jamais vu la fonction affinée

sur un prix de marchandises dans un magasin ! Si c'est triangle là, son rectangle, son isocèle, son équilatéral, je me promène jusqu'aaaaaa, je ne les vois pas ! Maintenant la question que je me pose : je dis, vous m'avez fatigué avec tout ça là pourquoi ??? Ou bien c'était pour que mon père et les enseignants me frappent cadeau ???

DÉCONSTRUISEZ

LES MENSONGES HISTORIQUES

Notre Histoire

« *Les intellectuels doivent étudier le passé non pour s'y complaire, mais pour y puiser des leçons ou s'en écarter en connaissance de cause si cela est nécessaire. Seule une véritable connaissance du passé peut entretenir dans la conscience le sentiment d'une continuité historique, indispensable à la consolidation d'un état multi-national.* » Cheikh Anta Diop

Nous ne sommes plus à l'époque des falsifications de l'Histoire de l'Humanité ! Cheikh Anta Diop heureusement a fait des émules, il avait dit « *armez vous de science jusqu'aux dents* ».

« Le Nègre ignore que ses Ancêtres, qui se sont adaptés aux conditions matérielles de la vallée du Nil, sont les plus anciens guides de l'humanité dans la voie de la civilisation ; que ce sont eux qui ont créé les Arts, la religion (en particulier le monothéisme), la littérature, les premiers systèmes philosophiques, l'écriture, les sciences exactes (physique, mathématiques, mécanique, astronomie, calendrier...), la médecine, l'architecture, l'agriculture, etc. à une époque où le reste de la Terre (Asie, Europe : Grèce, Rome...) était plongé dans la barbarie. »
Cheikh Anta Diop (Alerte sous les tropiques, Présence Africaine)

« *On peut tuer un homme mais jamais ses idées* » disait Thomas Sankara.

Les barbaries

Bien que toutes les barbaries se valent dans le fond, la barbarie instinctive du soi-disant « *sauvage* » n'est-elle pas « *moins barbare* » que celle structurée, organisée, réfléchie et à une échelle massive, soutenue par une bonne raison et une thèse, produits purs de « *l'intelligence humaine* » ?!
C'est cette barbarie-là qui déporte des millions d'hommes et de femmes vers des champs de coton et de canne à sucre en en laissant la moitié dans la mer.
C'est cette barbarie-là qui déporte des millions d'hommes et de femmes dans des camps de concentration en en laissant la plupart dans des chambres à gaz.
C'est cette barbarie-là qui extermine méthodiquement pour voler des terres, des ressources, qui organise des voyages entiers vers l'enfer.
Cette barbarie est « *moderne* », liée à une soi-disant « *intelligence* », au bateau, au train, aux bombes atomiques ou non.

La barbarie instinctive, elle conduit les gens sur des champs de bataille, sur des scènes de crimes, de crises de folie ou de passion, avec l'autre barbarie, l'Humanité tout entière est conviée à un voyage en enfer, un enfer organisé avec rigueur, une souffrance planifiée avec cynisme, une mort certaine.

J'affirme que nos Ancêtres étaient moins barbares, moins sanguinaires que ceux qui formulent cette accusation envers eux.

« À propos des Africains, voici ce qu'écrivait l'historien Ibn Batouta (1304-1368) dont les textes font aussi office de prolégomènes en sociologie bien avant Auguste Comte du fameux « siècle des lumières ».

« Les actes d'injustice sont rares chez eux ; de tous les peuples ; c'est celui qui est le moins porté à en commettre ; et le Sultan (Roi nègre) ne pardonne jamais à quiconque s'en rend coupable. De toute l'étendue du pays ; il règne une sécurité parfaite, on peut y demeurer ou voyager sans craindre le vol ou la rapine. Ils ne confisquent pas les biens des hommes blancs qui meurent dans leur pays ; quand même la valeur en serait immense, ils n'y touchent pas ; au contraire, ils préposent à l'héritage des curateurs choisis parmi les hommes blancs et il reste entre leurs mains jusqu'à ce que les ayants droit viennent le réclamer ».
Cheikh Anta Diop « *Nations nègres et cultures* ».

L'Hymne du Wassoulou

À l'attention de nos leaders d'aujourd'hui et surtout de demain, vous les jeunes !

Ces belles paroles ont été composées par les griots de l'Empire Wassoulou (ou Empire Mandingue), à la gloire du Fama d'alors : Almamy Samory TOURE.

« Si tu ne peux organiser, diriger et défendre le pays de tes pères, fais appel aux hommes les plus valeureux ;
Si tu ne peux dire la vérité, en tout lieu et en tout temps, fais appel aux hommes les plus courageux ;
Si tu ne peux être impartial, cède le trône aux hommes justes ;
Si tu ne peux protéger le fer pour braver l'ennemi, donne ton sabre de guerre aux femmes qui t'indiqueront le chemin de l'honneur ;
Si tu ne peux exprimer courageusement tes pensées, donne la parole aux griots.
Oh Fama ! Le peuple te fait confiance, il te fait confiance parce que tu incarnes ses vertus. »

Ainsi parlait Cheikh Anta Diop :

« En disant que ce sont les Ancêtres des Nègres, qui vivent aujourd'hui principalement en Afrique Noire, qui ont inventé les premiers les mathématiques, l'astronomie, le calendrier, les sciences en général, les arts, la religion, l'agriculture, l'organisation sociale, la médecine, l'écriture, les techniques, l'architecture (...) en disant tout cela on ne dit que la modeste et stricte vérité, que personne, à l'heure actuelle, ne peut réfuter par des arguments dignes de ce nom. Dès lors le Nègre doit être capable de ressaisir la continuité de son passé historique national, de tirer de celui-ci le bénéfice moral nécessaire pour reconquérir sa place dans le monde moderne, sans verser dans le nazisme à rebours, car la civilisation dont il se réclame eût pu être créée par n'importe quelle race humaine - pour autant que l'on puisse parler d'une race - qui eût été placée dans un berceau aussi favorable, aussi unique.
Loin d'être une délectation sur le passé, un regard vers l'Égypte Antique est la meilleure façon de concevoir et de bâtir notre futur culturel. L'Égypte jouera, dans la culture africaine repensée et rénovée, le même rôle que les antiquités gréco-romaines. »

Cheikh Anta Diop « *Civilisation ou Barbarie* » Éd Présence Africaine

« Les missionnaires ("pères blancs") au temps crépusculaire des colonies justifiaient leur mission par le fait que les "indigènes" devaient sortir de l'"idolâtrie fétichiste" pour découvrir le "vrai Dieu" incarné par Jésus de Nazareth d'une part, et accéder aux "bienfaits de la civilisation" en s'assimilant à la culture du colonisateur d'autre part.
Par delà ces "professions de foi", ce que les Africains ont subi avec la caution religieuse de ces mêmes "missionnaires", c'est l'occupation et la spoliation de leurs terres, l'instauration de l'esclavage et du travail forcé, la perte de leurs valeurs spirituelles

ancestrales, de leurs repères identitaires, le mépris raciste et la paupérisation économique. »
Jean-Charles Coovi Gomez, Historien.

En mars 1950, au vieil argument « *que seriez-vous sans la France* ? » (Sous- entendu des « sauvages »), Aimé Césaire répondait : « *Un homme auquel on n'aurait pas essayé de prendre sa liberté. »*

Personnellement, je répondrais que l'Afrique aurait été belle, riche, fière, souveraine et en Paix !

Discours sur le colonialisme

Et Césaire dit encore ceci dans son magnifique discours sur le colonialisme :

« *J'entends la tempête. On me parle de progrès, de "réalisations", de maladies guéries, de niveaux de vie élevés au-dessus d'eux-mêmes.*
Moi, je parle de sociétés vidées d'elles-mêmes, des cultures piétinées, d'institutions minées, de terres confisquées, de religions assassinées, de magnificences artistiques anéanties, d'extraordinaires possibilités supprimées.
On me lance à la tête des faits, des statistiques, des kilométrages de routes, de canaux, de chemins de fer.
Moi, je parle de milliers d'hommes sacrifiés au Congo-Océan. Je parle de ceux qui, à l'heure où j'écris, sont en train de creuser à la main le port d'Abidjan. Je parle de millions d'hommes arrachés à leurs dieux, à leur terre, à leurs habitudes, à leur vie, à la vie, à la danse, à la sagesse.

Je parle de millions d'hommes à qui on a inculqué savamment la peur, le complexe d'infériorité, le tremblement, l'agenouillement, le désespoir, le larbinisme.
On m'en donne plein la vue de tonnage de coton ou de cacao exporté, d'hectares d'oliviers ou de vignes plantés.
Moi, je parle d'économies naturelles, d'économies harmonieuses et viables, d'économies à la mesure de l'homme indigène désorganisées, de cultures vivrières détruites, de sous-alimentation installée, de développement agricole orienté selon le seul bénéfice des métropoles, de rafles de produits, de rafles de matières premières.
On se targue d'abus supprimés.
Moi aussi, je parle d'abus, mais pour dire qu'aux anciens – très réels – on en a superposé d'autres – très détestables. On me parle de tyrans locaux mis à la raison ; mais je constate qu'en général ils font très bon ménage avec les nouveaux et que, de ceux-ci aux anciens et vice-versa, il s'est établi, au détriment des peuples, un circuit de bons services et de complicité.
On me parle de civilisation, je parle de prolétarisation et de mystification.
Pour ma part, je fais l'apologie systématique des civilisations para-européennes.
Chaque jour qui passe, chaque déni de justice, chaque matraquage policier, chaque réclamation ouvrière noyée dans le sang, chaque scandale étouffé, chaque expédition punitive, chaque car de C.R.S., chaque policier et chaque milicien nous fait sentir le prix de nos vieilles sociétés.
C'étaient des sociétés communautaires, jamais de tous pour quelques-uns.
C'étaient des sociétés pas seulement anté-capitalistes, comme on l'a dit, mais aussi anti-capitalistes.
C'étaient des sociétés démocratiques, toujours.
C'étaient des sociétés coopératives, des sociétés fraternelles.
Je fais l'apologie systématique des sociétés détruites par l'impérialisme.

Elles étaient le fait, elles n'avaient aucune prétention à être l'idée, elles n'étaient, malgré leurs défauts, ni haïssables, ni condamnables. Elles se contentaient d'être. Devant elles n'avaient de sens, ni le mot échec, ni le mot avatar. Elles réservaient, intact, l'espoir »
Discours sur le colonialisme, Aimé Césaire (1950, Présence Africaine).

Rien à ajouter !

Felwine Sarr dans une interview à propos de son superbe livre Afrotopia (Ed Philippe Rey) nous dit ceci :
« *La grande difficulté du continent tient au fait qu'on lui a toujours dit que son présent n'était pas appréciable. L'Afrique a rarement vécu sur le mode de la "présence à soi". À aucun moment, ces cinq derniers siècles, elle n'a pu être sa lumière propre, afin d'éclairer ses réalités en fonction de ses propres critères d'évaluation. Au lendemain de la décolonisation, les pays africains ont gagné le droit à l'autodétermination, certes, mais pas à l'autodénomination. En apposant après les Indépendances aux pays d'Afrique et d'Asie le label générique de "sous-développés" ou de "Tiers-monde", l'Occident les a tout de suite inscrits dans une perspective limitée. Ces sociétés devaient tout d'un coup ressembler à l'Amérique ou à l'Occident.* ».

Frantz Fanon ne dit pas autre chose :

« Allons camarades, il vaut mieux décider dès maintenant de changer de bord. La grande nuit dans laquelle nous fumes plongés, il nous faut la secouer et en sortir. Le jour nouveau qui déjà se lève doit nous trouver fermes, avisés et résolus. Il nous faut quitter nos rêves, abandonner nos vieilles croyances et nos amitiés d'avant la vie. Ne perdons pas de temps en stériles litanies ou en mimétismes nauséabonds. Quittons cette Europe qui n'en finit pas de parler de l'homme en le massacrant partout où elle le

rencontre, à tous les coins de ses propres rues, à tous les coins du monde.

Voilà des siècles que l'Europe a stoppé la progression des autres hommes et les a asservis à ses desseins et à sa gloire ; des siècles qu'au nom d'une prétendue "aventure spirituelle" elle étouffe la quasi-totalité de l'humanité. Regardez-la aujourd'hui basculer entre la désintégration atomique et la désintégration spirituelle. Et pourtant, chez elle, sur le plan des réalisations, on peut dire qu'elle a tout réussi.

L'Europe a pris la direction du monde avec ardeur, cynisme et violence. Et voyez combien l'ombre de ses monuments s'étend et se multiplie. Chaque mouvement de l'Europe a fait craquer les limites de l'espace et celles de la pensée. L'Europe s'est refusée à toute humilité, à toute modestie, mais aussi à toute sollicitude, à toute tendresse. Elle ne s'est pas montrée parcimonieuse qu'avec l'homme, mesquine, carnassière, homicide qu'avec l'homme.

Alors, frères, comment ne pas comprendre que nous avons mieux à faire que de suivre cette Europe-là.

Aujourd'hui, nous assistons à une stase de l'Europe. Fuyons, camarades, ce mouvement immobile où la dialectique, petit à petit, s'est muée en logique de l'équilibre. Reprenons la question de l'homme. Reprenons la question de la réalité cérébrale, de la masse cérébrale de toute l'humanité dont il faut multiplier les connexions, diversifier les réseaux et réhumaniser les messages.

Mais alors, il importe de ne point parler rendement, de ne point parler intensification, de ne point parler rythmes. Non, il ne s'agit pas de retour à la nature. Il s'agit très concrètement de ne pas tirer les hommes dans des directions qui les mutilent, de ne pas imposer au cerveau des rythmes qui rapidement l'oblitèrent et le détraquent. Il ne faut pas, sous le prétexte de rattraper, bousculer l'homme, l'arracher de lui-même, de son intimité, le briser, le tuer.

Non, nous ne voulons rattraper personne. Mais nous voulons marcher tout le temps, la nuit et le jour, en compagnie de l'homme, de tous les hommes.

[...]

« Ne payons pas de tribut à l'Europe en créant des états, des institutions et des sociétés qui s'en inspirent. L'humanité attend autre chose que cette imitation caricaturale et dans l'ensemble obscène.
Si nous voulons transformer l'Afrique en une nouvelle Europe, l'Amérique en une nouvelle Europe, alors confions à des Européens les destinées de nos pays. Ils sauront mieux faire que les mieux doués d'entre nous. Mais si nous voulons que l'humanité avance d'un cran, si nous voulons la porter à un niveau différent de celui où l'Europe l'a manifestée, alors il faut inventer, il faut découvrir. Si nous voulons répondre à l'attente de nos peuples, il faut chercher ailleurs qu'en Europe. Davantage, si nous voulons répondre à l'attente des Européens, il ne faut pas leur renvoyer une image, même idéale, de leur société et de leur pensée pour lesquelles ils éprouvent épisodiquement une immense nausée. Pour l'Europe, pour nous-mêmes et pour l'humanité, camarade, il faut faire peau neuve, développer une pensée neuve, tenter de mettre sur pied un homme neuf. »
Frantz Fanon, « *Les damnés de la terre* » (Éd. Maspero 1961).

L'estime de soi.

Malcolm X ne s'y trompait pas :
« Ils se sont moqués de vos noms et vous avez changé de nom.
Ils se sont moqués de vos habits et vous avez changé d'habits.
Ils se sont moqués de vos cheveux et vous avez acheté des défrisants.
Ils se sont moqués de votre peau et vous avez acheté des éclaircissants.
Ils se sont moqués de vos langues et vous avez adopté les leurs.
Ils se moqués de vos religions et vous avez embrassé les leurs.
Qui vous a appris à haïr la texture de vos cheveux ?

Qui vous a appris à haïr la couleur de votre peau ? À tel point que vous la blanchissez pour être comme l'homme Blanc.
Qui vous a appris à haïr la forme de votre nez et la forme de vos lèvres ?
Qui vous a appris à vous haïr du sommet de votre tête à la plante de vos pieds ?
Qui vous a appris à haïr votre nature ?
À haïr la terre de vos Ancêtres,
À haïr la race à laquelle vous appartenez à tel point que vous ne voulez pas être à côté les uns des autres.
Quand allons-nous prendre conscience ? ».

DÉDIABOLISEZ

HOMMAGE À NOS VÉNÉRABLES ANCÊTRES

Thomas Sankara, Cheikh Anta Diop, Patrice Lumumba, Kwame N'Krumah, Aimé Césaire, Frantz Fanon, Aline Sitoe Diatta la grande résistante de Casamance, Lat Dior, Cheikh Amadou Bamba dont je ne partage pas la religion mais que j'admire profondément pour sa sagesse et sa résistance à l'oppression coloniale, même admiration pour Simon Kimbangu un saint homme du Congo, Marcus Garvey, je ne peux tous les citer…

Que tous ces Ancêtres méritants nous inspirent la Pensée Juste, la Parole Juste et l'Acte Juste, en tout temps, en tout lieu et en toutes circonstances et nous aident dans notre quête de souveraineté et de liberté.

« Qui suit les traces de son père apprend à marcher comme lui. »

Nous devons tirer de notre héritage culturel, celui que nos Ancêtres nous ont laissé, matière à réformer notre système éducatif et à faire notre révolution culturelle. Nous n'allons pas bien sûr nous contenter de reproduire à la lettre ces us et coutumes d'une époque révolue, car je sais bien que les enjeux à leur époque n'étaient pas les mêmes qu'aujourd'hui... Mais nous devons nous en inspirer un tant soit peu !

« Si tu ne sais pas où tu vas, retourne d'où tu viens ! »

DÉDIABOLISEZ LES VALEURS AFRICAINES

« *Essayer de comprendre l'Afrique et l'Africain sans l'apport des religions traditionnelles serait ouvrir une gigantesque armoire vidée de son contenu le plus précieux* » Amadou HAMPATE BA.

Au commencement, la religion était comme une sorte de guide pour expliquer les mystères de l'univers, doublé d'un manuel du bien et du mal, mais malheureusement, cela est devenu au fil du temps, un outil au service des rois, des riches, du patriarcat et maintenant de certains politiciens, comme un moyen de contrôle des informations, des richesses et des connaissances.

GLOIRE À NOS ANCÊTRES MONOTHÉISTES VICTIMES DES MENSONGES ET DE LA FALSIFICATION DE L'HISTOIRE DE LEUR SPIRITUALITÉ.

Cheikh Anta Diop disait dans *Alerte sous les tropiques*, Présence Africaine : *« Il est raisonnable de penser qu'un gouvernement fédéral africain donnera des armes égales aux tenants de la religion ancestrale, en provoquant un conseil œcuménique et ses prêtres, pour permettre la création d'une hiérarchie, d'une liturgie mieux adaptée, la formation et l'éducation d'une caste de prêtres à l'échelle du continent, l'approfondissement et la normalisation du dogme sur la base du Monothéisme ancestral. Ce faisant, le gouvernement fédéral futur protégera le continent de toute nouvelle pénétration insidieuse de l'étranger, mettra les Africains à l'abri de toute aliénation culturelle »...*

« Acceptons de vivre Africains. C'est la seule façon de vivre libres et dignes. » Thomas Sankara

Je suis Kama l'Alpha et l'Omega

Je suis QUI je suis
J'honore mes frères humains
Je ne suis ni arabe ni occidental
Je ne suis ni fanatique ni tribal
Et je ne ferais pas semblant
D'être QUI je ne suis pas
Je suis l'Humain Primordial
Je suis l'Ainé du Dieu Unique

Je suis CE QUE je suis
Je respecte tous les autres
Je n'ai pas de cheveux d'indienne
Ni de brésilienne ou caucasienne
Je ne suis pas blanche ni jaunâtre
Je ne me travestirai pas
En CELLE QUE je ne suis pas
Je suis la mélanine même
Sublime cadeau du Roi Soleil

Je vous accepte tel que vous êtes
Je vous respecte et vous honore
RESPECTEZ QUI JE SUIS
ACCEPTEZ CE QUE JE SUIS

Je suis la MAAT, je suis MUNTU
Je suis DOGON, je suis BANTOU
Je suis mes Ancêtres CEDDO
Je suis la Déesse-Mère ISIS
JE SUIS BELLE, JE SUIS RICHE
JE SUIS SOUVERAINE

UBUNTU

Je demande le respect pour nos Ancêtres

Ces derniers temps, j'entends et je lis des analyses qui se veulent « intellectuelles », matinées de justifications religieuses, l'air de rien, comme une sorte de djihad historique rampant...

Dès qu'on parle de nos traditions, on ne nous parle que des traditions issues de l'islam à opposer à l'*oxydent*, comme si nous avions gommé nos autres traditions d'avant l'Islam !

Dans certains textes de nos propres intellectuels, il semblerait que seuls les grands chefs religieux de l'Islam ont fait barrage à la colonisation ? Il parait que les princes Ceedos, les Lat DIOR et autres, étaient des sanguinaires, bagarreurs, qui s'entretuaient déjà entre eux et n'étaient donc pas des interlocuteurs sérieux pour les colons qui ont fini par se fatiguer et se tourner vers les chefs religieux qui eux ont réglé tous les problèmes ! De plus « ils » les Ceedos donc, vendaient leurs frères comme esclaves... Donc tout le sale boulot en Afrique était fait par eux, pas par les gentils colons, qui n'ont fait que payer les esclaves qu'on voulait bien leur vendre !!!

Propagandes tout droit sorties de livres d'histoire des colons pour se dédouaner des atrocités commises mais maintenant il y a cette couche de mépris religieux qui se rajoute ! Eh ben dites donc !

Où veut-on aller comme ça sans nos racines profondes ?

Maintenant, avec tout le respect que je dois à la croyance envers l'islam ou la chrétienté, j'aimerais juste que ce mépris envers nos Ancêtres cesse !

Il y a aussi de la place pour EUX TOUS dans notre respect !

Qui veut savoir et comprendre vraiment, peut écouter des historiens sérieux dans la digne lignée de Cheikh Anta Diop nous expliquer que les Africains ont été les premiers à croire en UN SEUL Dieu, donc la diabolisation des religions ancestrales africaines appelées à tort animisme, sorcellerie, polythéiste ou que sais-je encore ne tient pas la route…
Cette guerre des mots que les dominateurs (*oxydentaux* et arabes) ont toujours menée à notre insu, pauvres naïfs que nous sommes, étant les premiers à ânonner après eux les mots qui nous méprisent, nous et nos racines profondes.

Et nous le savons tous, que beaucoup d'Africains en détresse ont recours à nos *solutions* traditionnelles, à la spiritualité ancestrale alors pourquoi tant de honte de qui nous sommes vraiment, pourquoi cette hypocrisie ?

La religion ou tradition africaine a toujours été profondément humaniste, pacifique, tolérante. Et n'a jamais agressé aucun autre peuple pour le convertir de force !
Pourquoi ne pas être fier de cela ?

DÉDIABOLISEZ LES TRADITIONS AFRICAINES

SANKOFA !
San (revient) Ko (va) Fa (regarde, cherche et prends) cela veut dire revenir puiser dans nos racines pour mieux aller de l'avant

« Un homme sans culture ressemble à un zèbre sans rayures. »

La spiritualité africaine

« Il nous faut cesser de confondre religion et spiritualité. La religion est un ensemble de lois, de règlements et de rituels édifiés par les hommes, supposés ainsi aider les hommes à développer une spiritualité. En raison de l'imperfection même de l'homme, la religion s'est corrompue, s'est politisée, s'est divisée et est devenue un outil dans la lutte pour le pouvoir. La spiritualité n'est ni théologie, ni idéologie. C'est tout simplement un mode de vie, pur et original, qui nous a été donné par le Créateur. La spiritualité est une toile qui nous relie entre nous, au Très-Haut, et à l'Univers. » Hailé Sélassié.

Les réponses spirituelles des Africains à la question sur l'existence de Dieu, découlent toutes d'une observation quasi scientifique de l'Univers, de l'Esprit, de la Matière, une sorte de traité de l'expérience physique et quantique, de l'Existence, de la Création en partant du fameux Big Bang, des trous noirs, des planètes, des Astres, des Animaux, de la Nature et des Hommes.

Il faut lire un très bon article intitulé : **De la science à la découverte de Dieu** (rechercher l'article sur Internet).

Muntu l'Humain

« Qui est le Muntu ?

Dans Mukulu, Le Discours de l'Ancêtre Africain, de Elima, aux éditions Publibook., Muntu est expliqué comme suit :

« MU, désigne : De ; NTU, désigne : Tête. MUNTU signifie : Ce qui est en tête. »

Mais, en tête de quoi, peut-on se demander ? La réponse est simple : en tête de la création manifestée, qui est appelée NZA. Et à qui appartient cette création, ce NZA ? Ou plutôt : qui est cette création manifestée, ce NZA ? La réponse est encore toute simple : Dieu. Si Dieu est la création, ceci revient à dire que chaque particule, chaque cellule de la création est amenée à revendiquer l'appellation de Dieu et son rôle créateur. Chaque cellule, chaque particule créée, et recréée, se crée et se recrée. Donc, contempler la création, c'est contempler Dieu. S'aimer soi-même, aimer son prochain, aimer chaque cellule vivante, c'est aimer Dieu. C'est tout simplement rendre grâce à Dieu.

Dieu ne diffère pas de ce qui est. (Sage sénégalais).

Toujours dans MUKULU, Le discours de l'Ancêtre Africain, il est dit ceci :

« Muntu (Homme) sait qu'il est l'héritier divin, et il agit avec toute la responsabilité qui lui incombe. Il a reconnu son affiliation à Dieu, la revendique et la proclame. Il est le Christ (Conscience élevée de la Divinité). Il est celui qui s'est affranchi de l'illusion. »

Ainsi la mission de Muntu (Homme) est de spiritualiser la matière, et de faire de cette Terre un paradis. La vie et le message de Jésus témoignent de cette vérité. Il est celui qui actualise ce que le peuple Bantu, et plusieurs autres peuples du monde savaient depuis des lustres. Le Muntu est un état d'être divin.

En un mot, le Muntu désigne tout homme (qu'il soit africain, européen, américain ou asiatique) qui a pris conscience de sa connexion avec toute chose : les astres, les arbres, les animaux, les hommes. Cette reconnaissance développe en lui un respect mais surtout un amour inconditionnel envers tout ce qui existe. »

Muntu est le produit d'Ubuntu (Je suis parce que nous sommes).

Ici-bas et Au-delà

J'essaie d'être quelqu'un de bien parce que cela me suivra dans l'au-delà. Nous sommes éternels ! Après la mort, il y a une vie qui reflétera ce qu'on aura été ici-bas ! La vie après la mort ressemblera à nos rêves : parfois magnifique, tantôt déroutant, incontrôlable, inquiétant ou sublime, il sera le fruit de nos émotions libérées de toute contrainte.

La seule voie, suivre la Lumière ici et maintenant !

Notre société actuelle est composée pour la plupart des gens qui ont PEUR de Dieu et d'un soi-disant châtiment divin au point de faire de leur vie un enfer d'hypocrisie ! Au point d'essayer de se tromper eux-mêmes...
Dieu connait les vibrations profondes de votre être, de votre âme mais aussi vos faux-semblants pour lui plaire, vos incantations, vos postures, vos rituels compliqués !

Qui croyez-vous tromper avec la théâtralité religieuse ? Dieu vous voit n'est-ce pas ?

Par exemple, dans la société actuelle, le fait de se couvrir est une valeur forte héritée des religions. Soit !

Mais les jeunes filles dans nos villages dans l'Afrique profonde se baladant seins nus et qui l'ont toujours fait depuis des temps immémoriaux ? On leur dit quoi ? Elles sont possédées par Satan ? Elles sont impies ?

Est-ce que Satan ne serait pas là où les hommes sont obsédés par le corps de la femme malgré qu'il soit couvert de la tête aux pieds et non pas dans des villages africains paisibles ou le respect règne en maitre alors que le corps de la femme est dénudé ?
Ces villages où apparemment les hommes savent tenir leur libido malgré les seins en l'air constamment sous leurs yeux !

Est-ce que ce ne serait pas les hommes dans ces sociétés soi-disant très religieuses qui ont des problèmes ?

Quand je suis dans le monde arabe, j'observe que la mixité n'est pas tolérée et que les hommes sont obsédés, leurs mains se baladent sur les femmes à chaque occasion, j'en sais quelque chose, je suis sortie d'un marché en courant à cause de cela à Marrakech mais aussi à Jérusalem Est ! Et je précise même quand on est couverte de la tête aux pieds !

L'Afrique profonde a énormément à apprendre au Monde en termes de bonne tenue et de civilités, de pacifisme !

J'aime les personnes brillantes mais je préfère les personnes lumineuses, ce n'est pas pareil... Je suis ahurie de l'obscurité qui entoure certains cancres spirituels pourtant soi-disant brillants au niveau religieux ou dans des sociétés religieuses.

Écoutons ce que nous dit Kateb Yacine, un célèbre auteur Algérien qui s'est battu contre l'envahissement de l'Algérie par la culture arabe :
« Aujourd'hui, par les armes, nous avons mis fin au mythe ravageur de l'Algérie française, mais pour tomber sous le pouvoir d'un mythe encore plus ravageur : celui de l'Algérie arabo-musulmane, par la grâce de dirigeants incultes. L'Algérie française a duré cent trente ans. L'arabo-islamisme dure depuis treize siècles ! L'aliénation la plus profonde, ce n'est plus de se croire français, mais de se croire arabe. Or il n'y a pas de race arabe, ni de nation arabe. Il y a une langue sacrée, la langue du Coran dont les dirigeants se servent pour masquer au peuple sa propre identité !
C'est l'arabo-islamisme qui a abouti à l'asservissement et à la dégradation de la femme chez nous. »

Alors franchement le problème ce n'est pas les femmes et leur habillement...

Revenons aux valeurs africaines au lieu de copier les arabes ou les *oxydentaux* ! Nous avons beaucoup à leur apprendre en termes de sagesse...

LA FALSIFICATION DE L'HISTOIRE SPIRITUELLE AFRICAINE

Des chercheurs juifs disent avoir découvert le message caché de la Bible.

« Les Hébreux étaient des Égyptiens adorateurs du dieu Aton. C'est ce qu'ont découvert deux chercheurs français. Une hypothèse pressentie, au siècle dernier, par Champollion.

Cette découverte fera du bruit. Elle agace, déjà, le milieu scientifique – historiens et archéologues, et trouble le monde religieux. Le bruit court que les agents de Steven Spielberg en ont eu vent outre- Atlantique et que le grand cinéaste pourrait porter à l'écran « Les secrets de l'Exode », l'ouvrage de deux chercheurs hébraïsants (1).

Que nous disent Messod et Roger Sabbah ?
Ce que le Lotois Jean-François Champollion avait, bien avant eux, probablement pressenti – il est mort trop tôt pour aller au bout de ses convictions. Ce que le psychanalyste Sigmund Freud avait, il y a soixante ans, géniale intuition, soupçonné en évoquant, dans ses écrits, l'hypothèse d'une transmission aux Hébreux, par Moïse l'Égyptien, de sa propre religion, celle du dieu Aton. Messod et Roger Sabbah vont plus loin encore en soutenant que tous les Hébreux sont des descendants des anciens Égyptiens.

Ils s'appuient d'abord sur un constat : il n'y a aucune preuve archéologique de l'existence de ces Hébreux tels qu'ils sont décrits dans la Bible. Pour la plupart des savants, ils seraient vaguement assimilés, faute de mieux, aux « Apirous », peuple semi-nomade aux contours flous. Aussi s'interroge-t-on depuis des lustres : comment une population ayant vécu près d'un demi-millénaire en Égypte, forte de près de deux millions d'âmes, a-t-elle pu fuir le pays, l'armée du pharaon à ses trousses, puis s'installer en « Terre Promise », alors administrée par l'Égypte, sans qu'aucune trace ne subsiste ni de leur long séjour, ni de leur exode ? Pas de trace non plus d'Abraham. Inconnu au bataillon pour les scientifiques. Pas d'inscription, pas de récit, rien dans les temples, rien sous le sable du désert.

L'obscur pharaon Aï
Nos deux chercheurs fondent ensuite leur hypothèse sur une troublante étude comparative des écritures, l'hébraïque et les hiéroglyphes. Dans le tombeau de Toutankhamon, ouvert en 1923, figuraient des inscriptions rédigées en hiéroglyphes insolites, certaines lettres ressemblant à s'y méprendre – forme, prononciation, valeur symbolique – à l'alphabet hébreu. La coïncidence, à l'époque, n'émut personne. Pas plus que celle-ci : sur un mur du tombeau, le double « cartouche (la signature gravée) d'un obscur pharaon, Aï, dont le nom, en hiéroglyphes, ressemble à celui, dans la Bible araméenne, de Dieu, prononcé Adonaï (Aton-Aï). Et, à l'entrée de la salle du trésor, gardant la tombe, couché sur un coffre, le chien Anubis (ou Anapi) : en hébreu, "Nabi" signifie "gardien de la loi". Chien et coffre étaient recouverts d'un tissu sacré rappelant le châle de prière des Hébreux. Le coffre à brancards, lui, pourrait s'apparenter à l'"Arche d'Alliance" telle qu'elle est décrite dans la Bible.
Arguant de ces similitudes – il y en a bien d'autres -, les frères Sabbah ont relu de fond en comble les textes. Ils en ont déduit que la langue hébraïque était issue des hiéroglyphes, stylisés. Et, dès lors, tout s'est éclairé : les énigmes de la Bible, les noms aux consonances étranges parce qu'étrangères, les personnages, l'Histoire.
[...]

Les divinités sacrifient le bélier (Amon). Sarah, c'est la belle Nefertiti, Agar, c'est Kiya, la seconde épouse. Moïse ("Mésés") ? C'est Ramsès Ier, homme de guerre, impulsif. Aaron ? C'est Horemheb, général puis pharaon. Joseph ? C'est Aï : l'un et l'autre ont été enterrés en "pharaons d'Égypte" et leurs momies ont disparu...
Pas de peuple réduit en esclavage, pas de "peuple élu", pas de terre promise par Dieu : si elle les a étourdis – on le serait à moins, cette découverte n'a pas fait chanceler la foi de Messod et Roger Sabbah, issus d'une lignée de rabbins : ils assurent être toujours croyants.

(1)"Les secrets de l'Exode", Messod et Roger Sabbah, éditions Jean-Cyrille Godefroy, 556 pages. »
Extraits d'un article de Philippe Brassart dans La dépêche du Midi.

Sur ce même sujet, le professeur Jean Charles Coovi-Gomez historien émérite, a fait une conférence filmée qui est sur YouTube sous le titre « *Les relations des noirs et des juifs de l'Antiquité à l'époque contemporaine* » et dans cette vidéo on apprend tout cela et encore plus… À écouter absolument !

Et l'homme créa Dieu à son image

Et l'homme créa Dieu à son image
Avec toutes les imperfections de son humanité.
Un Dieu sanguinaire, raciste, extrémiste, fanatique et sauvage,
Dont ils témoignent en actes, paroles et pensées.

Un Dieu épouvantail passionné de châtiment,
Qui vit de notre foi aveugle et existe grâce à notre peur de l'enfer ;
Un Dieu cruel qui vit de nos ascèses, un Dieu extrêmement intolérant ;

Le Dieu de la loi du talion, de la charia, de la haine pour nos frères.

Un Dieu qui motive à la paresse, démission et irresponsabilité,
Pour n'attendre que vie de facilité et hypothétiques miracles ;
Un Dieu d'une volubilité de prostituée,
À qui on attribue la paternité de mensongers oracles.

Un Dieu emmerdeur, irrespectueux de la liberté des autres,
Par des évangélisations bruyantes de serviteurs au zèle démesuré :
Pasteurs, évangélistes, bergers, modérateurs, bishops, apôtres...
Arrogants de détenir le monopole du salut et de la vérité.

Un Dieu avide d'offrandes de quêtes et de dîmes détournées,
Un Dieu qui n'est ni celui de la Bible, du Coran et de la Torah.
Un Dieu qui fait l'apologie de l'évangile de la prospérité ;
Un Dieu dictateur qui ne donne guère à ses ouailles le choix.

Un Dieu qui bénit les attentats à la bombe sans repentance
Un Dieu qui promet des vierges au paradis après des attentats kamikazes ;
Qui motive au culte de la violence,
Qui ne parle que de crime dans ses moindres phrases.

Un Dieu autiste malade d'une grave cécité doublée de surdité,
À qui pour parler il faut obligatoirement des cris hors normes.
Voilà le portrait du Dieu qu'à son image l'homme à crée,
Et non celui qui à son image a créé l'homme.

Ce texte est de Yahn Aka un jeune prodige de la littérature, Africain de Cote d'ivoire, écrivain, éditeur, animateur radio et guitariste.

LA RÉHABILITATION DE NOS ANCÊTRES

« La force du baobab est dans ses racines »

Sur les réseaux sociaux j'essaie de réhabiliter nos Ancêtres notamment en déconstruisant les mensonges sur leur soi-disant incroyance en Dieu et je persiste à dire que nos Ancêtres Africains étaient connectés TOUS à un Dieu unique !

En disant cela, je démens les envahisseurs de tous bords de l'Afrique, qui ont menti sciemment sur notre histoire spirituelle, nous taxant de polythéistes, de satanistes et en cachant soigneusement notre monothéisme pour mieux nous dominer !

C'est pourtant clair, je veux juste réhabiliter nos Ancêtres, j'en ai parfaitement le droit, sans être accusée de vouloir attaquer les religions quelles qu'elles soient !
Si certains préfèrent amalgamer ces envahisseurs dont moi je parle et les religions qu'ils ont instrumentalisées, dont moi je ne parle pas, je n'y peux rien... Ce n'est pas de mon fait !

Beaucoup de pays africains sont profondément religieux et il n'y a aucune distance par rapport aux religions et on ne peut même pas en discuter.

C'est incroyable quand même qu'on ne puisse pas parler POSITIVEMENT de l'histoire spirituelle de nos Ancêtres sans être attaquée et accusée d'être anti-ceci, anti-cela, ou diviseur !

Encore plein de jeunes Africains me sortent dans les réseaux sociaux en commentaires de mes publications : « *Que nos Ancêtres s'étaient fourvoyés dans le satanisme et la sorcellerie !* » C'est inadmissible de tolérer ce genre de dires et d'ignorances !
Cela mène à notre mésestime de soi qui nous vaut tous nos problèmes.

Personnellement je pense que chacun croit ce qu'il veut, y compris les Africains, ce que je ne peux tolérer par contre c'est qu'on continue à vilipender mes Ancêtres en les traitant de satanistes ou de polythéistes !!!

Je réaffirme HAUT ET FORT que le monothéisme existe et existait PARTOUT en Afrique !

Lire Cheikh Anta Diop à ce propos ainsi que l'histoire des religions africaines (Dogon, Kongo, Sérère, etc.)

Malheureusement, l'*allienation* culturelle des Africains est souvent, pour ne pas dire toujours, associée à la religion... C'est un fait !
Le mimétisme est poussé très loin…

Alors que les religions sont censées être universelles, Dieu est censé avoir créé la diversité qui lui est chère, Il est censé parler toutes les langues qu'il a lui-même créées ainsi que toutes les cultures !
Donc je ne comprends pas pourquoi on doit forcément se déguiser en arabe ou parler en latin pour cheminer vers Dieu.

J'ai écrit un livre sur mon enfance et la vie de mes parents « *Dior Le bonheur volontaire* » (Ed Diasporas Noires) et j'y relate les difficultés et les obstacles qu'ils ont dû surmonter pour se marier alors qu'ils étaient POURTANT cousins germains mais de confession religieuse différente !
Je suis qui JE SUIS de par cette histoire-là, la moitié de ma famille est musulmane, l'autre moitié catholique, j'ai grandi dans les 2 pôles ; je suis légitime pour parler de ce problème !

Depuis plus de 5 générations les hommes catholiques de ma famille, épousent des femmes musulmanes, donc ma mère, mes grand-mères, mes arrières grands-mères.

Pourtant, ma grand-mère m'a inculqué l'Afrique, ses mystères, ses traditions, toute musulmane qu'elle fut et elle était très pieuse, est allée à la Mecque, mais ne parlait pas arabe, ne se voilait pas, et ne portait pas de djellabas...
Elle était Africaine jusqu'au bout des ongles, avec ses beaux habits africains, ses « moussors » et ses coutumes africaines !

Je lui dois mon amour de l'Afrique profonde !

Elle m'a baignée dans des liquides nauséabonds, fait boire des plantes, a invoqué mes Ancêtres à chaque malheur ou bonheur, fait porter des « bédieunes » (cornes-talismans), une Ceddo-musulmane, et alors ? Toute l'Afrique était comme cela il n'y a pas si longtemps et ce n'était pas la fin du monde !
Maintenant on nous demande de rayer notre tradition qui serait *« haram »* d'après tous ces nouveaux prédicateurs sur nos ondes !
Nos tanebéres seraient *« haram »*, les sabars seraient *« haram »*, même le tam-tam et la musique serait *« haram »* et les offrandes pour les ancêtres n'en parlons même pas car ils les assimilent à des *djiins*, etc…

Je fais plus confiance au jugement de ma grand-mère qu'à l'interprétation que ces prédicateurs d'un genre nouveau font de la religion.

Je respecte mes Ancêtres Ceddos, et nos Ancêtres Africains partout en Afrique croyaient en un Dieu unique depuis la nuit des temps !
Les Africains sont les fils aînés de Dieu car l'Afrique est le berceau de l'Humanité et des civilisations !

Nous n'irons nulle part avec ce mépris de nos propres racines !

« Celui qui oublie ses racines n'atteindra jamais sa destination. »

On ne peut jamais discuter de tout ce qu'il y a AUTOUR de la religion en général (*allienation* culturelle, abus de langage, prosélytisme, manque d'estime de soi des Africains, mimétisme systématique de la culture des autres, l'usage de la langue des autres pour parler à Dieu - oui Dieu ne parle pas toutes les langues apparemment -, etc...) sans qu'on nous entraîne à discuter DANS la religion proprement dite (profession de foi, dogme, soupçon de ne pas croire en Dieu, soupçon d'avoir un problème avec la religion, etc...)

Dieu parle toutes les langues et parle à tout le monde et Il a créé toutes les cultures différentes, il y a bien une raison, certainement pas pour qu'on finisse tous dans une culture dominante fût-elle arabe ou *oxydentale* ! Respectons-nous un peu !

La Terre a des millions d'années, les êtres Humains sont là depuis **AU MOINS 100 000 ans** (entre 200 000 ans et 120 000 ans selon les uns et les autres, je ne veux pas faire tout un chapitre sur le sujet), alors Dieu leur parle depuis ce temps-là et ne cessera jamais de parler aux hommes ! Dieu n'est pas un monopole des uns au détriment des autres ! Toutes les voies mènent à Dieu et nos Ancêtres connaissaient Dieu, arrêtons de les vilipender en prenant faits et causes pour les mensonges des oppresseurs qui avaient intérêt à nous dominer donc à nous nier spirituellement et culturellement !

Où en est la réécriture de l'histoire du Sénégal ?

Nous attendons avec impatience les résultats de la réécriture de l'Histoire du Sénégal qui a été engagée il y a quelques années, en espérant ne pas voir reproduit ce mépris hérité des envahisseurs et

dominateurs et qui dure depuis des siècles et des siècles, perpétué par nous-mêmes, sur la tête de nos Ancêtres coupables de tous les maux !
Ce n'est pas comme cela que nous allons arriver à cette Renaissance Africaine que nous appelons tant de nos voeux !

Soyons Musulmans ou Chrétiens ou autre chose mais de grâce respectons nos Ancêtres !

Dieu à dit : *Tu es tout seul sur Terre car les autres c'est Toi, je t'ai créé à mon image et j'ai créé des milliards de versions de Toi-même !* Neale Donald Walsch dans « *Conversations avec Dieu* ».

Le PROBLÈME de nos rapports déséquilibrés avec les arabes au-delà du mimétisme que nous cultivons par rapport à leur culture, c'est ce sentiment de fraternité religieuse « **prioritaire** » envers des musulmans quels qu'ils soient, ce sentiment prime, donc certains se sentent plus frères avec les arabes qu'avec leurs propres frères Africains chrétiens ou ceddos ou autre... Ceci dit la chrétienté fonctionne de la même façon...

C'est là, tout le problème religieux qui a conduit à toutes sortes de guerres à travers le monde et c'est cela qui divise les Africains ! C'est vraiment dommage de se considérer supérieur parce qu'on est d'une religion ou d'une autre, et de vouloir se rapprocher prioritairement de gens de la même confession au détriment de son propre « frère issu du même peuple »...

Aujourd'hui, nous gagnerions, non pas à nous débarrasser des religions, mais apprendre à mieux les connaître, mieux comprendre leurs origines, leurs transformations, les instrumentalisations notamment politiques dont elles ont fait l'objet et ainsi mieux nous connaître nous-mêmes et connaître l'Autre.

Il y a des millions d'Êtres Humains dont la conscience s'éveille…

L'énergie de la grande Source Créatrice est dans chaque Être Humain quel que soit son nom Dieu, Esprit, etc... Il est maintenant temps de voir, que « tout ce qui est », vient d'une seule source divine, celle qui est aussi à l'intérieur de chaque Être Humain. Il est temps pour les êtres humains de régler les désaccords, les conflits d'opinions et d'intérêts, et aller de l'avant.

UBUNTU (Je suis parce que nous sommes)

FEMMES REPRENEZ VOTRE POUVOIR !

LES FEMMES AFRICAINES

Dans nos sociétés régies par le patriarcat triomphant et la religion, les femmes n'ont pas droit au bonheur, elles doivent faire ce que la société leur dicte et notamment elles n'ont pas le droit de choisir la personne avec qui elles doivent vivre…
Elles n'ont que le droit de faire des sacrifices, encouragées dans ce sens par la société tout entière, qui va jusqu'à associer ce sens du sacrifice à la réussite future des enfants.

Dans nos pays africains, la proportion des filles diminue, plus on avance dans les études, de la maternelle à l'université et les raisons peuvent être nombreuses et variées : les mariages ou grossesses précoces, le maigre budget « études » prioritairement dévolu aux garçons, le besoin de bras pour les travaux domestiques, les préceptes religieux ou simplement patriarcaux, la préservation de la femme par rapport à une influence supposée néfaste des milieux d'études mixtes, etc…

Pourtant, il faut que les femmes soient formées en grand nombre et fassent des études poussées afin que leurs incroyables talents et multiples créativités puissent s'exprimer librement au bénéfice de toute la société, de toute la nation.

Nos pays qui se privent de tous ces talents par conservatisme sont on ne peut plus rétrogrades… Et de toute façon, aucune nation qui opprime les femmes n'avancera, ni n'émergera…

Vu l'état du monde et l'état de déliquescence de nos sociétés et des nations africaines, il est clair que les hommes ont échoué dans la gestion de la cité (la politique, le social, etc.) et qu'il faut laisser les femmes essayer à leur tour de nous sortir de l'impasse…

Je dis souvent que si vraiment le travail donnait la richesse, les femmes africaines seraient toutes milliardaires, car elles sont si travailleuses, personne ne songe à soutenir le contraire !

Les femmes sont incontournables, pragmatiques, bienveillantes, compétentes dans beaucoup de domaines, la femme est le premier ministre et tous les ministres à la fois dans une maison…

Je plaide pour que les femmes soient reconnues dans toutes leurs dimensions, car elles sont des actrices incroyablement énergiques, volontaires, efficaces pour nos sociétés, pour nos nations...

La société africaine a toujours été très matriarcale et a toujours fait une grande place aux femmes !

Dans nos sociétés anciennes et même jusqu'à présent dans certaines sociétés non contaminées par le patriarcat religieux, les femmes avaient un grand pouvoir social, familial, spirituel, elles étaient reines, prêtresses, gardiennes des cultes, guérisseuses, etc…

Il faut que les femmes investissent en masse tous les domaines et toutes les instances décisionnelles.

Elles ont le droit à tous les égards, car sans elles, pas de développement, pas d'émergence, pas d'unité, pas d'avenir !!!

Discours sur les femmes par Thomas Sankara

« L'attention des parents pour les filles à l'école devra être égale à celle accordée aux garçons qui font toute leur fierté. Car, non seulement les femmes ont prouvé qu'elles étaient égales à l'homme à l'école quand elles n'étaient pas tout simplement meilleures, mais surtout elles ont droit à l'école pour apprendre et savoir, pour être libres. Dans les futures campagnes d'alphabétisation, les

taux de participation des femmes devront être relevés pour correspondre à leur importance numérique dans la population, car ce serait une trop grande injustice que de maintenir une si importante fraction de la population, la moitié de celle-ci, dans l'ignorance ».

[...]

« Il n'y a de révolution sociale véritable que lorsque la femme est libérée. Que jamais mes yeux ne voient une société où la moitié du peuple est maintenue dans le silence. J'entends le vacarme de ce silence des femmes, je pressens le grondement de leur bourrasque, je sens la furie de leur révolte. J'attends et espère l'irruption féconde de la révolution dont elles traduiront la force et la rigoureuse justesse sorties de leurs entrailles d'opprimées. » Thomas Sankara 8 mars 1987 à l'occasion de la commémoration de la journée internationale de la femme.

« Je parle au nom des femmes du monde entier, qui souffrent d'un système d'exploitation imposé par les mâles. Pour ce qui nous concerne, nous sommes prêts à accueillir toutes les suggestions du monde entier, nous permettant de parvenir à l'épanouissement total de la femme burkinabé. En retour, nous donnons en partage à tous les pays, l'expérience positive que nous entreprenons avec des femmes désormais présentes à tous les échelons de l'appareil de l'État et de la vie sociale au Burkina Faso. Des femmes qui luttent et proclament avec nous, que l'esclave qui n'est pas capable d'assumer sa révolte ne mérite pas que l'on s'apitoie sur son sort. Cet esclave répondra seul de son malheur s'il se fait des illusions sur la condescendance suspecte d'un maître qui prétend l'affranchir. Seule la lutte libère et nous en appelons à toutes nos sœurs de toutes les races pour qu'elles montent à l'assaut pour la conquête de leurs droits. » Discours de Thomas Sankara à l'ONU le 4 octobre 1984.

LA MÉSESTIME DE SOI DES FEMMES AFRICAINES

L'éducation d'un enfant passe par les femmes, donc l'éducation de tout un peuple passe par les femmes !

L'estime de soi du peuple noir malmené par des siècles d'asservissement et de cruauté en tout genre doit donc être portée par les femmes et transmise aux enfants !

Malheureusement beaucoup de femmes africaines sont perdues dans les méandres des artifices et du mimétisme de l'esthétique *oxydental*, beaucoup de femmes ont renié leur apparence de nègre, leurs cheveux crépus et leur peau noire ! Beaucoup de femmes africaines sont les championnes du déguisement caucasien ou indien d'ailleurs, ou métisse ou brésilien, elles veulent bien ressembler à TOUT sauf à une kamite !

Le Khessal (éclaircissement de la peau) est une vraie pollution esthétique, une pollution de la vue... Les visages ressemblent au multipartisme, les doigts et les orteils sont reptiliens...
C'est censé être beau ? Qui trouve ça beau ?

Pourquoi tant d'artifices chez nos femmes aujourd'hui ?

Les publicités iniques des produits éclaircissants envahissent notre paysage routier, nos télévisions et nos marchés, grâce au laxisme ou à la complicité de nos pouvoirs publics, et malgré le désastre sanitaire provoqué par ses véritables poisons dermatologiques !

Nous subissons une véritable agression visuelle de ces publicités et propagandes, qui nous indiquent sans répit à chaque instant que

nous devrions avoir honte d'être noirs, d'être avec nos cheveux crépus, etc…
Notre amour de soi qui doit être un vecteur de développement personnel et national, est agressé et malmené constamment à chaque coin de rue ! C'est inadmissible et dégradant !

L'*allienation* est clairement encouragée et alimentée auprès de la jeunesse africaine soi-disant libre d'effectuer ses choix de vie ! Mais qui peut être libre quand ce matraquage vous cible du matin au soir par le message on ne peut plus clair (sans jeu de mots) : « la beauté c'est une peau claire », « la réussite c'est une peau claire », « trouver un mari c'est assuré avec une peau claire », « trouver un job c'est mieux avec une peau claire » ?

Et on peut décliner ces mêmes messages en « la beauté, c'est avec des cheveux lisses », « la réussite, c'est avec des cheveux lisses », « trouver un mari, c'est assuré avec des cheveux lisses », « trouver un job c'est mieux avec des cheveux lisses » ?

Il est temps pour nos pays africains d'interdire ces pratiques, ces agressions permanentes contre notre estime de soi, ses agressions chimiques contre notre peau…

Il est temps pour nos pays de se pencher sur ces agressions contre nos cheveux car beaucoup de femmes sont devenues chauves sous les perruques et autres tissages de cheveux prélevés sur des cadavres dans des contrées lointaines, des cheveux payés très chers, trop chers, alors que nous croulons sous le poids des dépenses quotidiennes exsangues, des cheveux qui ne permettent pas à leurs cranes de respirer convenablement !!!

De plus, il y a des choses spirituelles simples à savoir sur soi, sur son ADN, sur ses cheveux et leurs pouvoirs ! Continuez à porter sur vos têtes l'ESSENCE SPIRITUELLE et l'ADN (qui est bien plus que les 3% de biologie que nos scientifiques nous disent) des autres... Par exemple, demandez à l'US Army, pourquoi ils ne rasaient plus les cheveux des éclaireurs amérindiens, qui lorsque c'était le cas, perdaient tous leurs super-pouvoirs de « flair » dans la forêt en période de guerre ?! Recherchez des articles sur ce sujet et vous verrez ! Vos cheveux sont les premiers capteurs de l'énergie cosmique, vos cheveux renferment votre essence unique, on peut retrouver votre identité intacte des années, que dis-je des siècles, grâce à vos cheveux…

Nous voulons que le peuple noir soit respecté, qu'on respecte l'intégrité physique des africains !

Il est temps, ce n'est plus tolérable, pour notre dignité, pour notre orgueil, pour notre bien-être, pour nos finances dilapidées ainsi !

Nous dénonçons les conséquences graves sur notre santé physique et mentale. Nos hôpitaux sont pleins de monstres qui voulaient « juste » s'éclaircir la peau et qui la retrouvent décapée, écaillée, en lambeaux !

Il nous faut réagir, il nous faut un plan Marshall de *désallénation* des femmes, car ce sont elles qui élèvent nos enfants et ces enfants sont notre avenir !!

Nous voulons des publicités valorisant la beauté noire car nous sommes en Afrique noire ! « Black is beautiful » !

Nous demandons à nos pouvoirs publics d'agir ENFIN devant ce fléau et ces agressions multiples !!!

Merci les Beyoncé, les Rihanna et autres pour leur rôle désastreux en tant que stars planétaires, qui ont imposé un standard de beauté plutôt métisse, à la peau forcément claire et aux longs cheveux lisses flottants ! Vraiment merci !

RÉINVENTEZ LA POLITIQUE

ENGAGEZ-VOUS !

« *Chaque génération doit dans une relative opacité, découvrir sa mission, la remplir ou la trahir* ». Frantz Fanon.

« *Sans dignité il n'y a pas de liberté, sans justice il n'y a pas de dignité, sans indépendance il n'y a pas d'hommes libres* » Patrice Lumumba.

Je dirais que les jeunes ont toujours été des fers de lance dans l'engagement citoyen et intellectuel en Afrique, et ils ont même été très redoutés pour cela par tous les régimes sans exception depuis plus de cinquante-six ans…

J'ai fait ma première manifestation à Saint-Louis à l'âge de 13 ans, j'étais en 6e au Lycée Ameth Fall, c'était le jour de la mort d'Amilcar Cabral, bien sûr je ne comprenais pas tout, je suivais les ainés qui étaient en Première et en Terminale, mais j'ai eu les genoux bousillés par l'asphalte, les policiers nous ont matraqués et chargés à coup de gaz lacrymogène et j'ai perdu livres, cahiers et chaussures… C'était mon baptême du feu, je m'en souviens comme étant mon premier acte militant et j'en suis très fière !
Et maintenant, alors que je suis devenue une dame d'un certain âge, je me suis retrouvée de nouveau chargée à coup de gaz lacrymogène, ici et maintenant, en octobre 2016 à Dakar, sous le régime de Macky Sall pour avoir juste participé pacifiquement à une marche de toute l'opposition sénégalaise ! Vous avez dit *démoncracie* ?

Les étudiants ont toujours été de tous les combats politiques et intellectuels au Sénégal.

Si on regarde l'histoire récente, sans l'apport des étudiants et des jeunes, le 23 juin ne serait certainement pas ce qu'il a été…

Bien sûr, depuis quelques années ; les étudiants sont accusés de surtout faire des grèves pour défendre leur bourse ou des considérations alimentaires, mais je crois que l'engagement intellectuel et social est toujours là…

La question est « peut-on être engagés socialement, politiquement, intellectuellement, lorsque qu'on est constamment dans la quête de sa survie ? Et de ce point de vue, sans faire de mauvais esprit, on pourrait ajouter : « Qui a intérêt à ce que les étudiants soient constamment dans la précarité ? ».

OUI, les jeunes ont toujours été de tous les combats politiques et intellectuels !

Alors je vous dirais à vous les jeunes, prenez les places car personne ne vous les donnera ! OUI prenez vous-mêmes les places au niveau politique et social pour changer les choses, prenez les choses en mains ! C'est vous l'avenir !

Et j'ai noté qu'un vent de changement de conscience souffle en Afrique au cœur de la jeunesse, notamment dans l'engagement au niveau du panafricanisme, c'est comme une lame de fond, certes, encore embryonnaire, mais réelle, « c'est sous le capot ».

Renouvelez la classe politique africaine !

Les vendeurs de rêve qui s'avèrent être des marionnettes livreurs de cauchemars, l'Afrique en a son lot et pas des moindres.

De plus, être obligé de voter même pour le moins-disant, en d'autre terme pour le choléra au lieu de la peste ! Voilà le beau tour de force que la *démoncratie* a réussi à imposer ! Voter entre le pire et le moins pire, voilà l'alternative.

De plus, le peuple ne fait pas respecter SA démocratie acquise pourtant de haute lutte lors de dates historiques comme ce fameux 23 juin.

Le Peuple doit faire respecter les processus démocratiques qui sont à sa disposition !

Jusqu'où le Peuple pourra-t-il subir ? Il semble qu'il est anesthésié le Peuple entre 2 dates historiques !

Le 23 juin, c'est une victoire d'accord, mais c'est passé, il faudrait faire d'autres « 23 juin » encore et toujours pour se faire respecter, car aujourd'hui, nous sommes devant bien pire que le problème auquel nous étions confrontés le 23 juin 2011 !

Et ce qui est étonnant c'est le *je-m'en-foutisme* flagrant du système oligarchique et *démoncratique*, on libère les puissants les uns après les autres avec des prétextes farfelus au possible ou même parfois sans prétexte aucun ! Ils ne se donnent même plus la peine de trouver des justifications plausibles ! Alors que nous pouvons voir et palper la souffrance de familles dont les enfants, frères ou oncles croupissent en prison depuis parfois plus de 7 ans sans jugement, ceux qui sont là, condamnés sans la moindre preuve, ceux qui sont là pour des broutilles dans des conditions abominables !
Sans parler des jeunes de Colobane dont la culpabilité lors des émeutes de protestation électorale n'est même pas prouvée, alors que d'autres, riches oligarques ou mafieux, accablés par des preuves, sont sortis tranquillement, ils étaient soi-disant malades !

Le pauvre Mamadou Diop est-il mort pour rien ?

Franchement, tout ce que je sais est que notre justice aussi est malade ! Nos institutions sont malades, les lois les plus élémentaires ne sont jamais appliquées, sans parler des conventions, chartes, protocoles que l'État passe du temps à mettre en place, dépense des milliards pour la réflexion et leur écriture, les signe, les promulgue, et puis après, RIEN !

L'Afrique regorge de politiciens hypocrites, pleins de fiel, de fieffés menteurs, de traitres à tous les étages, de profiteurs zélés, de parjures, de psychopathes en fait... J'en passe...
Bref de brigands de grand chemin ! Des traitres à la Patrie, des traitres à l'Afrique, qui bradent notre souveraineté à tous les vents.

Et TOUT ce beau monde veut diriger absolument à vie, ou tôt ou tard, la main sur le cœur avec leurs yeux larmoyants de crocodile, et leurs promesses au crayon, effaçables à souhait, ils vont s'empresser de tromper le peuple dès le lendemain des noces, TOUS je dis bien TOUS !!!

Le plus gros problème en Afrique et au Sénégal en particulier est qu'il est communément admis par quasiment TOUS (que la POLITIQUE est la SEULE voie royale pour devenir riche en peu de temps !

Un proche m'a dit une fois d'un air admiratif *« je vais voter pour un tel, il est maintenant dans la politique, il circule en 4X4 flambant neuf et à plein d'argent et il est généreux »*.

Même quand on a une entreprise, on te conseille de faire de la politique (sous-entendu, d'être favorable au pouvoir) pour avoir des marchés...

Même quand tu es opposant déclaré, des proches te disent *« il faut que Macky t'appelle et te propose un poste »* d'un air de dire que tu t'opposes juste pour cela !

Combien de fois j'ai entendu sur la lutte que je mène pour les enfants mendiants, des proches pourtant bien intentionnés me dire *« on prie pour que Macky t'appelle bientôt pour un poste ou pour te financer »* avec un sourire sous-entendant *« et ce sera ta récompense pour tous tes efforts »*... Et quand je réponds *« JAMAIS »* d'un air exaspéré, ils ne comprennent pas et me disent *« Mais pourquoi ? »* Ils sont choqués que je ne veuille pas de leur prière !
Et là, je ne vous parle pas de leur effarement concernant le refus de financement que le Collectif STOP à la mendicité des enfants a érigé en doctrine pour ne jamais se laisser acheter...

C'est incroyable cette culture politique de la récompense du militantisme, de l'activisme, cette espérance du « financement de projets » (corruption de la société civile), du piston, du *« je connais le chef de cabinet d'un tel »*, *« je suis le frère d'un tel »*, etc...

Le pire est que même moi, avec toutes mes reparties cinglantes, je ne sais parfois pas quoi répondre à ces gens tellement ils semblent de bonne foi avec ce système de valeurs bien ancré dans leur tête, et c'est moi qui dit « *heuheu* » sans savoir par où commencer mon argumentation face à cela !

Tant que la population considère la politique ou le militantisme comme un moyen de devenir riche avant toute autre chose, on aura des problèmes politiques majeurs.

Il nous faut donc un plan Marshall de *désallienation* aussi à ce niveau ! J'espère que vous les jeunes vous allez vraiment tourner le dos à cette logique !

LE PEUPLE EST LAISSÉ À LUI-MËME PARTOUT EN AFRIQUE !

Les personnes censées s'occuper de tous les domaines de la vie publique sont aux abonnés-absents, constamment, trop occupées à parader, à voler les deniers publics pour se construire des maisons, à cacher leurs milliards dans des comptes étrangers, à aller dans les médias pour défendre l'indéfendable politiquement, à être en campagne électorale permanente, les postes de la fonction publique sont attribués juste pour avoir du soutien politique mais pas pour que ces responsables travaillent !

Les administrations sont lamentables, pas de papier, les murs sont lépreux,...
Les hôpitaux, pas de scanners, les morgues en panne, les équipements rouillés,...
Les écoles, des abris honteux en feuillages séchées dans la plupart de nos provinces, celles en dur de la capitale tombent en ruine,...
Les universités, même pas assez de chaises pour les étudiants,...
Les prisons moyenâgeuses, il y aurait tellement à dire, les prisonniers préfèrent encore mourir plutôt que d'y rester...
Les tribunaux n'ont pas les moyens de juger toutes les affaires à part celles dictées par l'instrumentalisation et l'agenda politiques... etc., etc ....

C'EST UNE HONTE DE PLUS EN PLUS INSOUTENABLE !!!

Où passent les budgets alloués chaque année pour tous ces services ???

TOUT EST QUASIMENT PAREIL QU'IL Y A 20, 30, 40 ans ou plus... Il y a beaucoup d'infrastructures qui sont identiques à ce que les colons avaient laissé !
À part des grands édifices inutiles, des échangeurs, des routes nouvelles inondées à la moindre pluie, qui sont de véritables sources de financements occultes et d'enrichissements illicites pour politiciens véreux !

L'Assemblée nationale vote des lois, eh oui ça lui arrive, qui ne sont systématiquement pas appliquées !

Les sacs plastiques interdits, il y en a plus que jamais...
La loi d'interdiction de la mendicité, les enfants sont dans la rue malgré les récentes décisions grandiloquentes de Macky Sall concernant leur retrait... Ils y sont toujours, plus que jamais
Etc...

Les *politricheurs* passent leur temps à se gaver, point !!!

On ne peut plus croire en rien de ce qu'ils disent !
Le sort du peuple leur importe peu !

ARRÊTONS D'ÉLIRE CES GENS ET TOUS CEUX QUI LEUR RESSEMBLENT MÊME SI AUJOURD'HUI ILS SONT DANS L'OPPOSITION ! IL FAUT COMPLÈTEMENT RENOUVELER LA CLASSE POLITIQUE !

De plus, il y a cette abomination nommée transhumance.

LA TRANSHUMANCE DES CAMÉLÉONS

Des animaux de la brousse cherchant leur pitance
Au gré de la nature et des changements de saison
Finiront par porter plainte contre la pire espèce humaine
Qui usurpe leur nom, leur noble et vital procédé
Les *politichiens*, les *prostituciens*

Ainsi s'en vont-ils de majorité en majorité, de parti en parti
Mangeant de table bien garnie en table encore plus garnie
Dévorant les deniers publics sans jamais être rassasiés
Laissant le peuple affamé, exsangue, floué et meurtri

Ce peuple si naïf qui ne cesse de les élire, encore et encore
Sous différentes bannières, sous de masques clownesques
Incapables de sanctionner ces opportunistes repus et repentis,
Ces transhumants qui ne font que se dédire, jurant leurs grands dieux

Non, ils ne changent pas d'idées, ils n'ont jamais eu de convictions
Non Ils ne font pas cela pour le pays, c'est juste des sans vergogne
Non ils font ce métier pour se goinfrer encore et encore plus
À chaque changement de saison présidentielle

Ils sont nés avant la honte
Les *politichiens*, les *prostituciens*.

Mais, il y a de l'espoir car ils sont en train de creuser leurs tombes tout seuls avec leurs propres turpitudes ! C'est évident !

Désormais la Lumière est plus forte et tout ce qu'ils font dans l'ombre, éclate à la lumière du jour... Il n'est plus possible de se cacher nulle part ! On peut voir tous ces scandales qui sortent dans la presse tous les jours, éclaboussant nos dirigeants au plus haut niveau ainsi que leur famille proche, comme ce scandale récent du vol de nos ressources de pétrole pour ne nommer que celui-là…
Et c'est la même chose partout en Afrique !

PRIÈRE : Lumière Divine, je ne veux plus être dans le même continent que tous ces dirigeants indignes et criminels, faites, je vous en prie, qu'ils n'y soient plus ! AINSI SOIT-IL ET CELA EST !

Mais je suis optimiste malgré tout et je suis déjà à l'étape suivante... Former notre jeunesse afin que cela change !

Essayons de construire une conscience différente, un monde sans EUX TOUS ! Un avenir lumineux en éduquant d'urgence notre jeunesse, en refusant leur mode de vie, leurs modèles politiques, etc...

Il ne faut pas se cacher la vérité, il n'y a pas que nos dirigeants qui sont malades, les électeurs et les citoyens le sont aussi...

Donc passons tout de suite à l'étape suivante : former l'élite de demain sans plus tarder car notre génération a failli, n'a pas fini de faillir, faillira encore et toujours...

J'appelle de mes voeux un système politique TOTALEMENT différent, une vraie évolution de tous les systèmes existants, dans tous les domaines...

Formons nos jeunes à l'éthique politique, spirituelle et sociale dès à présent pour avoir de meilleurs dirigeants et de meilleurs citoyens !!! Ça urge !!!

Le cas des enfants mendiants

Je prends l'exemple de la protection des enfants mendiants ; force est de constater qu'on tourne en rond dans un cercle vicieux et sans fin depuis des dizaines d'années ; réunions – séminaires – discours – préconisations – projets de loi – promulgation de lois – signatures devant la presse, etc…

Tout cela avec un grand tintamarre à chaque fois, beaucoup d'espoir suscité pour rien !

Les journalistes devraient arrêter d'écrire sur ces soi-disant avancées « *fabuleuses* », « *sans précédent* », arrêter d'écrire sur des chimères.

Tout cela immanquablement suivi par ZÉRO réalisation concrète, jamais, aucune application de convention pourtant ratifiée, aucune application de charte pourtant signée, aucune application de loi pourtant votée et promulguée !
RIEN de RIEN !

Sommes-nous dans un état de droit au Sénégal ? Je pose la question !

Beaucoup de lois votées et promulguées ne sont pas appliquées !
La LOI n° 2005-06 (du 10 mai 2005, relative à la lutte contre la traite des personnes et pratiques assimilées, et à la protection des victimes) qui n'est pas appliquée, alors qu'elle stipule clairement l'interdiction de mendier et la criminalisation de la traite des personnes mineures…
Les enfants sont des êtres vulnérables qui ont besoin de la protection de l'État, et de la même façon qu'un voleur est puni par la loi, arrêté et enfermé, de la même façon, un *maltraiteur*,

exploiteur ou violeur d'enfant devrait l'être encore plus, car c'est bien plus grave que de voler, et tous doivent être égaux devant la loi, et la loi existe bel et bien…

L'état est coupable de NON-ASSISTANCE à enfants en danger car s'il le voulait, il pourrait stopper ce fléau qui met en danger l'avenir même de notre pays car les enfants sont notre avenir !
CE CAUCHEMAR que les enfants vivent dans notre pays doit cesser. !
La Société Sénégalaise doit arrêter d'être indifférente et se soulever comme un seul homme afin que ce fléau disparaisse de notre pays !

Et les personnes désireuses de donner leurs oboles aux enfants pourraient bien se rendre dans les daaras non loin de chez eux, afin de le leur donner directement dans l'enceinte sécurisée de leur lieu de vie et d'études… Les Sénégalais peuvent bien faire cet effort… Donc il n'est nullement question d'interdire de donner l'aumône, mais plutôt d'interdire la mendicité qui est clairement un racolage dans la rue, surtout concernant des enfants.

C'est une HONTE que le gouvernement de notre pays soit incapable de faire appliquer les lois votées et promulguées, en particulier celle qui interdit la mendicité des enfants et la traite des personnes mineures, que notre pays ne soit pas en mesure d'appliquer et d'aller jusqu'au bout de ses propres mesures de retrait des enfants de la rue, mesures prises à grand renfort d'engagements martelés devant le Peuple Sénégalais, de détermination, de reportages médiatiques et de félicitations de la part de la CEDEAO.
C'est une honte cette inorganisation permanente et ces incompétences constatées par tous et le manque de prévision d'un budget suffisant lors de ce cirque théâtral de retrait des enfants des rues en 2016.

Et maintenant il ne se passe plus rien et ils sont encore plus nombreux et plus miséreux qu'avant dans la rue !

Mais il est vrai qu'en matière de politique dans notre pays, les actes comptent moins que les promesses et elles n'engagent que ceux qui y croient !

Un vent de changement de conscience doit souffler au Sénégal, un avenir positif doit s'ouvrir, rempli d'espoir et de nouveaux potentiels pour nos enfants.
Le Sénégal doit se tourner résolument vers des actions lumineuses et positives envers nos enfants et nos jeunes… Car c'est eux l'avenir !

Il faut que le Sénégal devienne une terre de joie et de sécurité pour tous ses enfants, et non ce lieu chargé de larmes amères quotidiennes pour un grand nombre d'entre eux...

C'est cela l'émergence qu'on nous propose ? L'avenir de nos enfants est hypothéqué et on nous parle d'émergence sans aucune honte !

J'affirme qu'on ne pourra pas faire un Sénégal émergent en continuant à mettre un grand nombre de nos enfants dans la rue et dans un état psychologique et physique aussi déplorable.

Il faut plus mettre l'accent sur les idées et les comportements pour changer les choses en profondeur. Le problème avec nos gouvernants, c'est qu'ils pensent que c'est l'argent seul qui résout les problèmes. Mais ce sont les idées et les comportements qu'il faut d'abord changer. Il faut un changement de paradigme et de changement de conscience.

On aime plébisciter les hommes (ou les femmes) beaux-parleurs, on aime élire des politiciens-loups déguisés en agneaux comme

président ou autre, des faux marabouts avec leurs panoplies genre chapelet et parlant arabe de préférence et qui exploitent des gamins, on adore les voyants et voyantes qu'on consulte à tout moment mais de préférence à la tombée de la nuit, ni vu ni connu, et on leur donne des fortunes pour avoir la bonne fortune... !
Et quand il arrive qu'une femme publique se disant voyante se trompe on aime bien la lyncher en public... Et pourtant on l'adorait quand elle allait dans notre sens la semaine d'avant....
Mais pourquoi ne pas aussi lyncher tous les autres de la liste quand c'est avéré qu'ils se trompent, nous trompent, exploitent nos enfants ou nos richesses ?
Pourquoi ne pas arrêter tout simplement de croire en tous ces charlatans et politiciens définitivement et de nous prendre en mains ? On a les dirigeants qu'on mérite...

LE RÉVEIL A SONNÉ

Je dis souvent qu'il y avait des Thomas Sankara prêts à sortir de l'ombre partout en Afrique, et maintenant aussi je dis « Que tous les Ousmane Sonko, les Adama Gaye, les Guy Marius Sagna, les Kemi Seba, en Afrique sortent de l'ombre et avancent vers la Lumière ! ».

Il est temps de sonner le tocsin, de battre le tam-tam du réveil !!! OUI le réveil a sonné ! DEBOUT !

La *démoncratie*

Finalement tous les problèmes que nous avons, peuvent se résumer ainsi : « *Nous sommes un pays habité par des souris et gouverné par des chats, que les chats sont les oligarques qui nous dirigent depuis 56 ans et à chaque élection, ils prennent un déguisement de souris pour nous tromper, une fois élus, ils redeviennent des chats friands de la chair de souris* ».

Cette métaphore est d'un ancien premier ministre Thomas Douglas au Canada dans un discours prononcé en 1944, il y a un dessin animé très drôle (rechercher la vidéo *« Le gouvernement des chats au pays des souris »*). D'ailleurs, elle fonctionne pour le monde entier, notamment et surtout en *oxydent,* inventeur de ce système machiavélique.

La preuve, on peut énumérer de manière illimitée sur des kilomètres de parchemin, toutes les promesses non tenues de nos présidents à travers toute l'Afrique !

De plus, les oligarques sont tous frères, cousins, amis et se marient entre eux... Ils sont tous sortis du même lot d'ADN, ils sont tous copains, amis d'adolescence dans leurs écoles huppées et fermées en Suisse ou aux USA, etc,...

Parfois même des adversaires à une même élection sont de la même famille comme Bongo et Ping !
Tout ceci n'est qu'un combat fratricide entre gens du même monde pour leurs intérêts propres et ceux de leurs commanditaires étrangers...
À la fin c'est toujours le Peuple qui perd à tous les coups !

Il faut un changement radical de ce système de *démoncratie* pour nous débarrasser de tous ces gens ! (lire l'excellent ouvrage « *La démocratie contre la République* » de Ndongo Samba Sylla ed Harmattan).

Attention, certains oligarques d'hier, opposants aujourd'hui, ne veulent que le redevenir !

Finalement la *démoncratie* est une vaste fumisterie planétaire, l'hypocrisie qui l'entoure est juste mieux huilée en *oxydent* que sous nos cieux...

Pourquoi on s'obstine encore à organiser cette mascarade en dépensant des milliards, pourquoi on s'obstine à se présenter, pourquoi on s'obstine à aller voter... Pourquoi ? Pour quel résultat ?

Pourquoi pensez-vous que des présidents africains sont régulièrement assassinés alors qu'ils sont au pouvoir ?
La FrançAfrique est « un système de réseaux occultes étatico-mafieux par lequel la France continue à maintenir sa domination sur les pays officiellement décolonisés en Afrique depuis plus de 50 ans. » ou encore « une nébuleuse d'acteurs économiques, politiques et militaires, en France et en Afrique, organisée en réseaux et lobbies, et polarisée sur l'accaparement de deux

rentes : les matières premières et l'Aide publique au développement. (...) Le système auto-dégradant se recycle dans la criminalisation. Il est naturellement hostile à la démocratie ».
François Xavier Verschave

Danielle Mitterrand raconte :

« Après 1981, je demandais à François Mitterrand : pourquoi maintenant que tu as le pouvoir ne fais-tu pas ce que tu avais promis ? Il me répondait qu'il n'avait pas le pouvoir d'affronter la Banque Mondiale, le capitalisme, le néolibéralisme. Qu'il avait gagné un gouvernement mais non pas le pouvoir.
J'appris ainsi qu'être le gouvernement, être président, ne sert pas à grand-chose dans ces sociétés sujettes, soumises au capitalisme.
J'ai vécu l'expérience directement durant quatorze ans.
En France, on élit, et les élus font des lois qu'ils n'ont jamais proposées et dont nous n'avons jamais voulues.
La France est-elle une démocratie ? Une puissance mondiale ?
Je le dis en tant que Française : cela ne veut rien dire ».

Halte !!! Réveillons-nous !!!

Halte aux crimes des dirigeants occidentaux, à la trahison permanente des dirigeants Africains, halte à la manipulation massive visant à asservir les êtres humains, halte à l'esclavage et aux meurtres de nos frères Africains partout dans le monde, halte aux guerres fomentées à dessein, aux virus propagés à dessein... Halte aux mensonges continus des *merdias* pour endormir les masses... Halte à l'industrie pharmaceutique qui tue massivement par cupidité au lieu de soigner, halte à l'industrie agroalimentaire rapace qui veut contrôler toutes nos terres et nos semences, halte à l'accaparement des terres, halte aux Accords de Pillage Économique (APE) !!! HALTE !!!

« En gros les pays occidentaux perdent des contrats en masse partout dans le monde. Leur balance commerciale est déficitaire, c'est-à-dire, il n'y a plus d'argent qui arrive de l'extérieur vers le pays.
Les entreprises occidentales ne gagnent plus des marchés à l'extérieur.
La perte de l'Amérique latine par exemple, a fait plonger le Portugal et l'Espagne dans la misère,
La perte de l'Afrique va inévitablement faire plonger la France, la Belgique, la Suisse, et dans une certaine mesure, l'Europe dans la misère.
Cette prévision insupportable pour les occidentaux, les a donc poussés à réagir vite, et violemment.
La seule réaction qu'ils ont trouvée actuellement est d'occuper militairement l'Afrique avant d'être complètement dépassés par les chinois qui sont très rapides et occupent assez rapidement le terrain.
L'occident n'a ni le temps ni les moyens de concurrencer les chinois et les autres émergents en Afrique par le prix. Ils savent qu'ils perdront, alors ils ont décidé de s'implanter militairement afin d'imposer des dirigeants qui leur donneront des contrats avec un pistolet sur la tempe contre les intérêts de l'Afrique.
Et pour occuper l'Afrique militairement, il faut y amener la peur, il faut que les Africains sollicitent cette occupation militaire là, au nom de la "sécurité".
Et le meilleur moyen pour ça, c'est le terrorisme. Exactement comme ça s'est passé au Mali.
le cas du Mali est une miniature de ce qui se passe dans toute l'Afrique.
Le terrorisme est ainsi l'arme occidentale pour occuper militairement l'Afrique, et lutter contre la présence des chinois et des autres émergents en Afrique. »
Extrait d'un article de l'excellente page Facebook *« La politique pour les nuls »* écrit par Claude Wilfried Ekanga Ekanga.

Ils ne se cachent plus ou c'est la lumière qui est trop forte ?

Avez-vous remarqué la folie des dirigeants de ce monde ?
Plus de retenue, plus de salamalecs, plus de pudeur, plus de vergogne ?

Avez-vous remarqué l'interdiction de manifester au Sénégal, par exemple pour les étudiants tués à Garissa par le terrorisme ?
Avez-vous remarqué les interdictions de manifester tout court dans ce pays ?
La première démocratie en Afrique francophone avez-vous dit ?

Ces mêmes interdictions qui sont en projet ou effectives dans tous les parlements en Occident.

Avez-vous vu le bradage de nos économies, de nos ressources, de nos terres ? Sans même plus prendre la moindre pincette ni la peine de se cacher ?

Avez-vous vu le bradage de la vie de nos soldats à l'impérialisme pétrolier ?
Les guerres et agressions des petits peuples sans maquillage aucun ?
Avez-vous remarqué la « *1ère dictature mondiale du Monde* » élue pour diriger le Conseil des droits humains à l'ONU-machin ?

Avez-vous remarqué le rétablissement de l'apartheid en Israël pour les noirs Falashas dans les hôpitaux ou les Palestiniens dans les bus ?
Sans honte aucune, sans justification valable, sans état d'âme ?

Avez-vous remarqué les discours insultants sur les noirs « idolâtres » entre autres, notamment à l'inauguration de notre fameux mémorial soi-disant à nous, censé nous guérir du traumatisme esclavagiste ?

Avez-vous remarqué tous ces scandales qui fleurissent partout sur les industries pharmaceutiques, l'OMS, les vaccins et les virus qui tuent, sur les industries agroalimentaires, MOSANTO et son copain Bill Gates ?

La liste des manipulations grossières et des crimes en pleine LUMIÈRE est trop longue…

Ma réponse à la première question est :
DORÉNAVANT LA LUMIÈRE EST TROP FORTE !
Ils n'ont plus nulle part où se cacher, ils ne peuvent plus dissimuler leurs forfaits car leur chute est proche, leur fin imminente…
Et cela les rend ivres et fous !

Je suis optimiste, l'avenir est lumineux malgré les apparences
Gardons espoir en un monde meilleur !

Clap de fin pour cette civilisation, nous y sommes ! Et il faudra du temps pour en reconstruire une plus humaine dans cette vieille Europe et dans ce monstrueux *oxydent*...

Kama berceau de l'Humanité, berceau des Civilisations doit montrer le chemin !

Bon courage aux masses européennes prises en otages par ces démons qui les gouvernent et les entraînent vers le fond inexorablement, par ces racistes de tous bords qui n'ont que TF1 et BFMTV comme horizon, la peur de l'Autre au ventre... Tenez bon !

Nous, ils essaient de nous entraîner encore et encore dans leur chute mais ne réussiront plus !

Nous, les Africains nous sommes en pleine reconstruction de notre civilisation, et c'est visible pour qui veut bien voir, c'est sous le capot ! Nous sommes en pleine renaissance, nous sommes optimistes !

BOUBACAR BORIS DIOP NOUS DIT dans une interview dans Le Quotidien (et je suis tout à fait d'accord) :
(...)
De toutes les puissances européennes, la France est la seule à n'avoir jamais pu se résigner à décoloniser...
(...)
Avant la France soutenait les dictatures africaines, mais elle a réussi aujourd'hui à négocier le passage démocratique en exerçant un strict contrôle sur nos élites aussi bien au pouvoir que dans l'opposition.
(...)
Voulez-vous dire que l'Afrique n'est pas décolonisée ?
Les chaînes sont là. Elles sont justement devenues invisibles. La France n'a en effet, accordé à l'Afrique son indépendance que du bout des lèvres. Autrement dit, la décolonisation n'a été qu'une façon pour les Français de quitter l'Afrique pour mieux y rester. La France continue de tirer d'énormes avantages de ses ex-colonies d'Afrique. Sans l'Afrique, la France ne serait pas ce qu'elle est.
(...)
Que faire pour stopper cette FrançAfrique ?
La FrançAfrique est un monstre à deux têtes. Paris et les Palais présidentiels africains qui ont cédé leur souveraineté aux Présidents français. Le Peuple français n'en sait rien, les Peuples africains n'en sont que de simples victimes. La véritable question, c'est la souveraineté de nos dirigeants. Ce que nous devons faire, c'est de faire comprendre à nos dirigeants qu'ils seront redevables

à la fin de leur souveraineté et de leurs relations avec l'extérieur. Le monstre commence déjà à afficher une troisième tête quand on pense aux 2 000 soldats qui sont envoyés en Arabie Saoudite.
(Source site lequotidien.sn)

Les dictateurs qu'on nous désigne

Quels sont les critères clairs et objectifs pour déterminer les régimes dictatoriaux en Afrique ou est-ce juste parce que cela a été dit par RFI, France24 ?

Souvent moi la première j'ai eu des opinions négatives sur les régimes de celui-ci ou celui-là, comme pour Gbagbo, Khadafi, etc... Et maintenant je m'en mords les doigts comme beaucoup d'entre nous qui avons ensuite eu des informations plus véridiques de ces situations et des complots dont ils ont fait l'objet...

Moi, la première je les ai voués aux enfers, juste sur la base des informations que des *merdias* internationaux notamment français nous martèlent à n'en plus finir, et que les *merdias* africains reprennent quasiment mot pour mot sans aucune investigation...

Le cas de Cuba récemment avec la mort de Fidel Castro a encore été l'occasion d'une mise en scène merdiatique d'une obscénité sans pareille, en France surtout, et des discours dignes de pensée unique, digne du temps de l'inquisition, ne supportant aucune contradiction, ni le moindre petit hommage au père de la révolution Cubaine et le grand soutien de beaucoup de révolutions en Afrique !

J'aimerais que l'Afrique soit enfin indépendante de ces informations qu'on nous sert à travers ces agences de presse internationales qui décident constamment QUI est QUI en Afrique, à QUI nous devons accorder un satisfecit ou non...

Si on les avait écoutés, le criminel Blaise Compaoré était un superbe personnage, démocrate inoffensif et sage, et tout, et tout, et sans le peuple Burkinabé, il serait toujours là, à jouer le médiateur très respecté partout en Afrique, adoubé par la *france à fric* et ses marionnettes.

Et très souvent, les méchants qu'on nous désigne sont ceux qui tiennent tête à la *france à fric* ou au système de diktat mondialisé que tous les peuples du monde subissent y compris les peuples occidentaux...

Si nous voulons avancer en Afrique, posons-nous courageusement les questions qui nous permettront de gagner notre VRAIE indépendance, notre souveraineté, y compris concernant les informations et les manipulations de masse dont nous faisons l'objet...

Nous devons arrêter les débats superficiels et des postures, juste pour ou contre le méchant dictateur que nous désigne comme tel l'*oxydent* et ses *ONG (droits de l'hommiste)* aux ordres !

« *Si vous n'êtes pas vigilants, les médias arriveront à vous faire détester les gens opprimés et aimer ceux qui les oppriment.* » Malcom X.

Mon message à la jeunesse Africaine

Sortez de la cage du Zoo, au lieu d'essayer de l'améliorer !

Le changement de conscience est en cours avec une puissance incroyable ! J'y crois fermement !

BATTEZ-VOUS POUR LA SOUVERAINETE !

Les traitres de la lutte de l'Afrique pour sa souveraineté

La souveraineté de l'Afrique est devenue une priorité absolue !!!

Il faut que les Africains du monde entier le sachent et se mobilisent pour cette souveraineté sans laquelle nous ne nous développerons jamais encore moins n'émergerons, ces mots qu'on nous lance comme des os à ronger et qu'on nous change chaque décennie, comme un constat de leur échec !

Cette souveraineté nous devons nous BATTRE pour elle, car nous avons échoué à nous dépêtrer de la dépendance et de la domination, même un enfant de 10 ans voit bien que les pays d'Afrique de l'Ouest ne sont pas indépendants depuis 60 ans comme c'est claironné partout, la France est partie pour mieux rester et d'une manière sournoise, en jouant les gentils pompiers des feux qu'elle s'évertue à allumer inlassablement pour assurer elle-même sa survie.

Devant ces procédés cyniques de la France en particulier et de l'*oxydent* en général, ce n'est pas en jouant les bisounours comme la majorité des Africains le font, souvent pour être mieux intégrés au discours globalisant soi-disant universel et humaniste de la fameuse opinion internationale que nous y arriverons !

Je ne respecte pas les gens qui font exprès de confondre la lutte de l'Afrique pour sa souveraineté violée depuis des siècles et des siècles, la lutte contre l'impérialisme, contre la *france à fric*, contre ce que j'appelle l'*oxydent* (système de domination *oxydentale* partout dans le monde, à ne pas confondre avec les masses occidentales) avec du racisme anti-blanc, du fascisme, etc...

Ces gens-là, je ne les respecte pas, encore moins lorsqu'ils se prétendent intellectuels, c'est même plus grave car ils sont de mauvaise foi... Ils favorisent et répandent l'universalisme mensonger et à géométrie variable, conté par l'*oxydent* et ses *ONG droits de l'hommiste* hypocrites (là encore je ne parle pas de la petite ONG créée par des personnes empathiques et sincères et il y en a beaucoup), leurs bras armés contre un HUMANISME VRAI ET SPIRITUEL qui est l'apanage de l'Afrique, qui elle n'a jamais agressé, pillé et massacré un autre peuple pour l'asservir, le coloniser, l'Afrique qui dans sa tradition profonde a toujours accueilli l'Étranger avec respect et humanité... Le fameux MUNTU, l'UBUNTU, je suis parce que nous sommes !

Ces gens-là, je les assimile à ces traîtres aliénés conscients ou inconscients qui de tout temps, depuis des siècles ont tiré l'Afrique en arrière et l'ont livrée pieds et poings liés à ses pires ennemis par leur désir d'assimilation forcenée et par leur peur d'être mis au ban de la fameuse honorabilité décernée par les dominateurs.

Je salue ici mes amis panafricains vilipendés qui se sacrifient tous les jours pour cette lutte difficile et qui ne désarment pas, je salue mes amis européens, français, québécois qui sont nombreux à me suivre dans ma lutte sur les réseaux sociaux et qui soutiennent notre lutte anti-impérialiste et anti-néocolonialiste en essayant de conscientiser de leur côté leurs semblables occidentaux et qui se font aussi traiter tous les jours de racistes et de fascistes par les nôtres et par les leurs également aliénés par les mensonges des *merdias oxydentaux* et par le système *antikamite* qui les gouverne ! Tous ces amis ne s'y trompent pas eux, ils savent qu'ils luttent pour l'Humanité que ces oligarques asservissent depuis la nuit des temps, même si la richissime Afrique est leur cible préférée et récurrente et les Africains leurs victimes désignées de tout temps...

Il est temps pour les Africains, qui défendent ces thèses stupides et dangereuses contre la souveraineté de l'Afrique et contre les autres africains, de choisir leur camp... Nos grands héros Africains ont tous été traînés dans la boue en leur temps et ces traîtres qui les adulent maintenant, font exactement la même chose contre leurs frères qui luttent à mains nues aujourd'hui contre un système surpuissant qui ressert son étau plus que jamais sur la Terre Mère.

Le moment de solder les comptes arrive à grands pas, tous les signes sont là, cette bataille, c'est LES ÊTRES HUMAINS CONTRE L'OLIGARCHIE *OXYDENTALE* !

Le fait que vous jouez intelligemment avec les mots ne changera rien au fait que vous êtes des traîtres et des aliénés !

Seule la lutte libère !!!

LA FÉROCITÉ BLANCHE !

« Seigneur Dieu, pardonne à l'Europe blanche !
Et il est vrai, seigneur, que pendant quatre siècles de lumière, elle a jeté la bave et les abois de ses molosses sur mes terres
Et les chrétiens abjurant Ta lumière et la mansuétude de Ton cœur/... /
Seigneur, pardonne à ceux qui ont fait des Askias des maquisards, de mes princes des adjudants
De mes domestiques des boys et de mes paysans des salariés, de mon peuple, un peuple de prolétaires.
Car il faut bien que Tu pardonnes à ceux qui ont donné la chasse à mes enfants comme des éléphants sauvages
Et il faut bien que tu oublies ceux qui ont exporté dix millions de mes fils dans les maladreries de leurs navires
Qui en ont supprimé deux cents millions... »
Extrait d'un poème de Léopold Sedar Senghor (Recueil *Hosties Noires*)

Pour une fois je peux me permettre de citer LLS Senghor qui est resté, et restera, une figure emblématique pour son adhésion à la cause du conquérant blanc… Beaucoup d'autres textes le prouvent.

Sur cette citation, et certains de ses textes, il a eu des moments de lucidité, même s'il demeure néanmoins complexé jusque dans sa manière de formuler ses complaintes…

Il a été un féroce opposant aux idées révolutionnaires de Cheikh Anta Diop, grand panafricaniste, et de beaucoup d'autres… L'histoire retiendra, elle a déjà commencé à trier le bon grain de l'ivraie !

Il a été un maillon fort de la pérennisation du système de domination notamment de la France qu'il adulait sur l'Afrique après les soi-disant indépendances.

« Le grand orchestre de la convergence panhumaine, aura pour chef, l'Europe, le Blanc, le Blanc tiendra la baguette de direction, tandis que les nègres tiendront les batteries. »
Léopold Sédar Senghor – (cité par Marcien Towa, dans Poésie de la négritude Canada, p.275, 1983) et (cité dans Abbia : Revue Culturelle Camerounaise, Cameroon Cultural Review, Numéros 19 à 23, p.34, Ministre de l'Éducation nationale, 1968)

Mais des grands savants comme Cheikh Anta Diop, on ne peut éteindre leur brillante lumière même à coups de brimades, d'emprisonnement, etc…

Aujourd'hui, je pense que Cheikh Anta Diop a largement gagné la bataille contre Senghor, bataille qui s'est poursuivie dans nos esprits bien au-delà de leur mort réciproque et qui continue encore tant que la lutte contre l'*allienation* des Africains sera toujours d'actualité !

D'ailleurs je ne comprends toujours pas, le fait que Senghor et Césaire que je respecte infiniment puissent partager l'affiche sur cette affaire de « Négritude » à mon avis ils n'en avaient absolument pas la même définition.

Je dis donc que les dirigeants « *franconfaunes* » sont le maillon faible du continent... Ils décident toujours en fonction des directives de la France... A peu, à très peu d'exceptions prés.

On appelle ce monstre à deux têtes la *france à fric*.

La france à fric

Même les enfants Africains qui viennent de naître, savent que la France est nocive pour nous, qu'elle n'a strictement rien fait que nous piller, nous mépriser et nous empêcher de relever la tête avec l'aide des dirigeants africains qui lui lèchent les bottes et qui n'ont même pas honte de trahir leur peuple en lui bradant nos ressources !

Il est vrai aussi à la décharge de ces dirigeants collabos, que cette France a fait assassiner systématiquement et méthodiquement tous les dirigeants qui ne jouaient pas son jeu, dont notre bien-aimé Thomas Sankara !

Il est temps que le peuple Africain se réveille ! Cette comédie tragique a assez duré !

Les traitres à la lutte de l'Afrique pour sa souveraineté, définis plus haut, nous disent « *cela suffit de trouver des coupables extérieurs à nous, cela suffit de gémir, cela suffit de jouer les victimes* » je pense que plus aliénés que cela c'est impossible, ils sont ignorants c'est pire, naïfs de croire à la belle innocence affichée de la France des droits de l'homme, qui se permet même de faire sa petite propagande *« avec toute sa fameuse aide à l'Afrique immédiatement bouffée par nos dirigeants corrompus »* ! Oh la pauvre France, si empathique envers nous !

Ces africains *alliénés* jusqu'à la moelle, vont nous dire que les assassinats de nos dirigeants intègres sont de notre faute, la peur d'être assassinés de nos dirigeants collabos est également de notre faute ! La boucle est bouclée, TOUT est de notre faute.

« L'humiliation du continent africain ne réside pas uniquement dans la violence, à laquelle l'Occident nous a habitués. Elle réside également dans notre refus de comprendre ce qui nous arrive. » Aminata Dramane Traoré.

« *Chez les autres races, le rôle du traître se limite en général à l'individu médiocre et irresponsable. Les traîtres de la race noire, malheureusement, sont la plupart du temps, des gens haut placés par l'instruction et la position sociale, ceux-là mêmes qui s'arrogent le titre de leaders.* » Jean-Paul Pougala.

Certains de ces traitres planqués qui sont trop couards pour se battre contre ce système sophistiqué, préfèrent leur petite vie tranquille de « *ennemi de personne, aimé de tous, intégré au plus grand nombre* » devraient se taire au lieu d'enfoncer l'Afrique avec leur discours qui sont encore plus dangereux que les balles ennemies et qui mettent à l'index et en danger constamment les vrais combattants de la souveraineté africaine !

Et l'Afrique a les traitres les plus intellectuellement sophistiqués et bavards au monde !
Ayez la décence de vous taire, chers traitres, alors que de plus en plus d'occidentaux se mouillent, dénoncent ce qui se passe en Afrique et mettent leur vie en danger !

Noam Chomsky raconte « l'occident terroriste »

Qu'ont fait au monde le colonialisme et l'impérialisme ?
Noam Chomsky dialogue avec le reporteur André Vltchek et démonte quelques idées reçues. (Source letemps.ch)

« Depuis la fin de la Seconde Guerre mondiale, le colonialisme et le néocolonialisme occidentaux ont causé la mort de 50 à 55 millions de personnes », attaque Vltchek. « Celles-ci mortes, en conséquence directe de guerres déclenchées par l'Occident, de coups d'État militaires pro-occidentaux et d'autres conflits du même acabit, s'ajoutent des centaines de millions de victimes indirectes qui ont péri de la misère, en silence ».

Colonialisme, d'abord : histoires oubliées. « Les premiers camps de concentration n'ont pas été construits par l'Allemagne nazie, mais par l'Empire britannique, en Afrique du Sud » : c'était pendant la seconde guerre des Boers, à l'aube du XXe siècle. Quant à l'Allemagne, avant l'extermination des Juifs (et des Roms), elle avait été « impliquée dans de terribles massacres en Amérique du Sud et, en fait, un peu partout dans le monde » – mais qui connaît la décimation, par ses soins, des Héréros de Namibie, des Mapuches de Valdivia, d'Osorno et de Llanquihue (Chili), des natifs des Samoa allemandes ? « À propos des connaissances des Européens sur le colonialisme, je répondrais qu'ils n'en savent presque rien. ».

Néocolonialisme, ensuite. « Des atrocités parmi les plus abominables ont été commises ces dernières années dans l'est de la République démocratique du Congo (RDC). De trois à cinq millions de personnes y auraient perdu la vie. Qui doit-on montrer du doigt ? Les milices. Mais derrière les milices se trouvent les multinationales et les gouvernements », affirme Chomsky. L'enjeu ? « Avoir accès au coltan (utilisé par les Occidentaux dans leurs téléphones portables) et à d'autres minéraux précieux. »

Le pacte colonial scandaleux du franc cfa

« Donnez-moi le pouvoir de créer et de contrôler la monnaie d'un pays, et je me moque de qui fait ses lois ! » Mayer Amshel Rothschild

« Il y a quelque chose qui cloche avec le franc cfa », a déclaré Carlos Lopes avant d'annoncer son départ de l'ONU, ce qui explique sans doute cette liberté de parole et cette charge franche contre un mécanisme qu'il juge « inadapté ».
« Aucun pays au monde ne peut avoir une politique monétaire immuable depuis trente ans », s'émeut l'économiste bissau-guinéen.

L'espace de la zone abrite quelque 155 millions d'habitants et comprend 14 pays d'Afrique subsaharienne auxquels il faut ajouter l'archipel des Comores.

Il y a un grand nombre d'articles très clairs et objectifs sur le cfa ; je ne vais donc pas me lancer dans des longues explications sur le mécanisme nazi de cette monnaie (eh oui, la France a copié pour créer le cfa, ce que les nazis lui avaient fait subir durant l'occupation allemande).

Le franc cfa a une parité fixe avec l'euro et les pays de la zone franc ont l'obligation de déposer 50 % de leurs réserves de change auprès du Trésor public français. Selon un rapport de la zone franc, la BEAC (Banque des États de l'Afrique centrale) et la BCEAO (Banque centrale des États de l'Afrique de l'Ouest), les deux banques centrales de la zone franc, disposaient en 2005 de

plus de 3 600 milliards de francs cfa (environ 72 milliards d'euros) auprès du Trésor français.
(Source monde.fr, interview de l'économiste Kako Nubukpo, ancien ministre togolais de la prospective)

Et c'était en 2005, imaginez, nous sommes en 2017 et les chiffres vont crescendo depuis…

Comment la France s'enrichit avec le franc cfa ? Sachez juste :

- *que les dirigeants africains immobilisent dans les caisses du Trésor français les immenses capitaux financiers indispensables au développement socio-économique de l'Afrique, cela se chiffre en milliers de milliards de francs cfa*
- *Le Trésor Public Français se sert des réserves africaines stockées chez lui pour ajuster hebdomadairement sa situation auprès de la Banque de France, d'après Xavier de La Fournière : « L'avantage que représente pour le Trésor français l'existence de soldes créditeurs aux comptes d'opérations est réel, car ils sont l'une des ressources qu'utilise le Trésor français pour financer la charge qui résulte pour lui des découverts d'exécution des lois de finances et de l'amortissement de la dette publique. »*
- *Les pays africains utilisateurs du Franc cfa préfèrent donner à la France leurs immenses capitaux libellés en devises au lieu de les utiliser pour mettre en place chez eux une véritable politique de développement économique endogène*
- *très loin d'être statique, cet exode des devises des Africains en direction du Trésor de la France est toujours ascendant et il aggrave la pauvreté sur le continent noir.*

La gestion du Franc cfa par la France est donc conservatrice et réactionnaire dans la mesure où se perpétue encore l'ordre colonial monétaire malgré les indépendances politiques dans les années 1960.

Les devises africaines font encore, comme autrefois, l'objet d'une subtile saisie conservatoire par l'État français qui empêche les pays africains de la zone franc, par cette confiscation subtile de leurs capitaux, de commercer librement avec le Reste du Monde.

À l'heure actuelle, 8000 milliards de francs cfa des pays ayant le cfa en commun dorment au Trésor français. Rien qu'en 2015, la Banque centrale des États de l'Afrique de l'Ouest (Bceao) et la Banque des États de l'Afrique centrale (Beac) ont déposé 50 % de leurs réserves, soit 6700 milliards de francs cfa.
Cette manne financière est rémunérée au taux de -0,25 %. Une faible rémunération qui, pire, est versée dans l'Aide publique au développement. Pendant ce temps, les pays africains empruntent à des taux oscillant entre 3,5 % et 6,5 %.
Extrait d'un article sur le site de cotedivoireinfo.

Nous ne voulons plus du franc cfa

CLAMEUR À KAMA
NOUS NE VOULONS PLUS DU franc cfa

Dignes filles et fils de Kama
Endormis prés d'une catin de 70 ans
Couverte de faux atours et d'oripeaux
Grimée comme la Castafiore
Obsolète, obèse, obscène
Raflant tous nos bijoux de famille
Pendant notre crédule sommeil
Pour enrichir son proxénète
En nous laissant exsangues

Et l'écho se diffuse :
Nous ne voulons plus du franc cfa
Et c'est la volonté de Kama !

Ravalons notre honte et notre humiliation
L'heure du réveil de conscience a sonné
Reprenons notre souveraineté, nos avoirs
Envoyons cet écho au plus haut, au plus loin
Tel le son du tam-tam de nos Ancêtres
Envoyons cette clameur partout à Kama
Aux fins fonds des villages et des palais
À Dakar, à Abidjan, à Cotonou, à Douala
dans tout le CEMAC et l'UEMOA
Aux fins fonds de la sinistre *france à fric*
Dans l'Hexagone qui garde notre Trésor
Répétons inlassablement : ça suffit !

Et le tam-tam résonne :
Nous ne voulons plus du franc cfa
Et c'est la volonté de Kama !

Nous ne devons plus nous allonger
Dans le lit de cette veille décatie
Ni enrichir son souteneur décadent
Qui ne pourra plus vivre à nos dépens
Nous réclamons nos avoirs volés
Reprenons notre souveraineté

Et la colère gronde :
Nous ne voulons plus du franc cfa
Et c'est la volonté de Kama !

Et la clameur se propage, se répand
Avec une énergie et une force irrésistibles
Et la vérité se pavane, parade

Une lumière éclatante l'accompagne
Des millions de poitrines scandent
Arrachons notre liberté

Nous ne voulons plus du franc cfa
Et c'est la volonté de Kama !

Et la souveraineté dit enfin :
NOUS SOMMES SOUVERAINS
NOUS AVONS NOTRE MONNAIE
VALEUREUX FILS ET FILLES DE KAMA !

Les Accords de Pillage Économique de l'Afrique

Je reproduis ici l'extrait d'une interview de Guy Marius Sagna au journal en ligne Seneweb (du 5 octobre 2016) pour vous expliquer les *ape* (en minuscules of course) accords de partenariat économique entre l'union européenne et les pays africains.

Si vous êtes devant un Sénégalais qui ne comprend rien aux Ape, que lui dites-vous pour le sensibiliser ?

L'Union européenne, à travers l'Accord de partenariat économique, voudrait que 75 % de ses marchandises qui entrent dans nos pays ne paient plus de droits de douane. Si cet objectif est atteint, il y aura deux principales conséquences. La première, c'est que nous allons perdre des recettes douanières et donc, ce sera la baisse des budgets des États de l'Afrique de l'Ouest.

À combien chiffrez-vous cette perte, par exemple pour le Sénégal ?

Pour un pays comme le Sénégal, nous allons perdre dès les premières années 75 milliards de FCFA par an. C'est énorme. À partir de la 20e année, c'est 240 milliards par an.

Quelle est la deuxième conséquence négative ?

75 % des marchandises de l'Union européenne ne payant plus de droit de douane, si l'ape est appliqué, ces marchandises-là vont davantage concurrencer les marchandises identiques ou similaires produites localement. Autrement dit, des PME et des PMI vont fermer ou, si elles ne ferment pas, vont procéder à des licenciements pour motif économique pour pouvoir soutenir cette concurrence-là.

Nos paysans et nos éleveurs vont avoir des problèmes pour vendre leurs produits. Donc, la pauvreté va augmenter, l'exode rural va augmenter, l'immigration clandestine avec son lot de morts va augmenter.

Il y a d'autres volets. Par exemple dans les Ape, il y a ce qu'on appelle la « clause du rendez-vous » : six mois après l'adoption de l'Accord de partenariat économique, il va y avoir le démarrage de nouvelles négociations pour libéraliser les autres aspects de notre économie comme les flux financiers.

Il y a la « clause de la nation la plus favorisée », qui stipule notamment qu'à partir du moment où nous avons adopté cet accord, tout avantage que l'Afrique de l'Ouest accordera à un partenaire sera accordé à l'Union européenne, si elle n'en a jamais bénéficié.

L'Union européenne, dans sa stratégie de limiter la casse que constituent ses pertes de parts de marchés, dans sa stratégie de limiter la concurrence, vraiment rude, que lui mènent les États-Unis, le Japon et les pays dits émergents, notamment les BRICS, a mis dans les Ape cette clause de la « nation la plus favorisée ». Ce qui est une hérésie pour des pays qui disent qu'il faut diversifier les partenariats.

L'autre conséquence c'est que si on donne cela à l'Union européenne, il faut s'attendre à ce que les États-Unis nous demandent la même chose parce qu'ils veulent que leurs marchandises soient compétitives. Il faut s'attendre à ce que le Japon, la Chine ou d'autres pays nous demandent la même chose. Ça va être le renforcement d'un projet en œuvre depuis des décennies qui est en fait une division internationale du travail où nos pays doivent être des marchés où rien d'important ne se produit. Nous devons être des consommateurs et eux les producteurs, qui nous vendent leurs marchandises et, par conséquent, nous dominent davantage.

Guy Marius Sagna est le très courageux coordinateur de la Coalition Nationale du « Non aux ape » au Sénégal et en 2016, il a été arrêté 3 fois et gardé à vue, alors qu'il manifestait pacifiquement contre la signature de ces accords. Cela se passe au Sénégal, un pays soi-disant démocratique, qui interdit régulièrement les manifestations pacifiques, et qui emprisonne d'honnêtes citoyens justes parce qu'ils manifestent !

Merci Guy Marius Sagna pour ce combat acharné et les sacrifices consentis, nous dirons à nos enfants et petits enfants la fière chandelle que nous te devons ! Car ces iniques ape ne passeront pas ! J'y crois fermement !

Et ce sont les panafricains les fascistes !

Demande-t-on à une gazelle à moitié dépecée, ensanglantée entre les griffes d'un tigre féroce en train de la dévorer, de signer un accord de partenariat (?) pour que celui-ci puisse achever son festin qui dure depuis des siècles et des siècles ???

Quel observateur sincère de cette scène peut qualifier les efforts de cette gazelle pour se dégager de ces griffes de NATIONALISTES ou même de RACISTES ? Et pourquoi pas de TERRORISTES et de FASCISTES pendant qu'on y est ?

Comme le dit clairement un rapport du ministère français de la défense qui fait froid dans le dos *« Le nationalisme africain et le panafricanisme présentés comme des menaces pour l'oxydent ! »* Ce rapport accessible à tous sur internet anticipe et redoute clairement le déclin de l'*oxyden*t et de la France.

Qu'anticipe donc le document stratégique français en ce qui concerne l'Afrique subsaharienne ?

« Vingt ans après la fin de la guerre froide, le continent devrait continuer à voir son importance géopolitique s'accroître sous l'effet de la concurrence économique entre puissances émergentes "du Sud" (Chine, Inde, Brésil) et puissances en déclin relatif (États-Unis, France, Royaume-Uni, Russie). Néanmoins, les sous-régions d'Afrique pourraient évoluer distinctement en fonction de leur environnement extérieur (systèmes Corne/péninsule arabique), Sahel/Maghreb/Europe, Afrique de l'Est/sous-continent indien ». Est-ce à dire que, de par la proximité géographique, l'Europe a un « rôle à jouer » bien plus important en Afrique de l'Ouest et en Afrique du Nord qu'ailleurs ? Sans doute. La question qui se pose est la suivante : par quels moyens, dans ces zones spécifiques, les occidentaux déclinants mèneront-ils la « guerre économique » contre leurs nouveaux concurrents émergents ? ».

Des prédateurs déguisés et des ONG complices.

Attention à ces prédateurs féroces prétendant aider l'Afrique !!!

Voici des extraits d'une conférence sur « *le pillage des ressources africaines par l'oxydent et du rôle sordide de nombreuses grandes ONG faisant une propagande éhontée de la soi-disant misère de l'Afrique* » conférence donnée à Berlin par Mallence Bart Williams une jeune femme bardée de diplômes de toutes les plus grandes universités et originaire de la Sierra Leone ; un discours implacable devant un parterre d'*oxydentaux* figés dans un silence glacial.

*« Une chose m'épate continuellement, bien que j'ai étudié la finance et l'économie dans les meilleures universités du monde, la question suivante reste sans réponse :
Pourquoi 5000 unités de notre monnaie valent 1 unité de la vôtre ? Alors que nous possédons les réserves effectives d'Or. Il est assez évident que ce n'est pas l'Occident qui aide l'Afrique, mais c'est l'Afrique qui aide le monde occidental.
L'Occident dépend de l'Afrique par tous les aspects possibles. Étant donné qu'ici les ressources alternatives sont rares. Comment l'Occident s'assure-t-il que l'aide gratuite se perpétue ?
En déstabilisant systématiquement les nations les plus riches d'Afrique et leurs systèmes. Et tout ceci, grâce à l'appui d'immenses campagnes de relations publiques, laissant croire au monde entier que l'Afrique est pauvre et mourante. Et qu'elle ne survit que grâce à la charité occidentale.
Bien joué, OXFAM, l'UNICEF, la CROIX ROUGE, LIVE AID et toutes les autres organisations qui dépensent des millions de dollars pour les campagnes de publicité qui ne sont que du CHARITÉ-PORNO pour que cette image de l'Afrique se perpétue mondialement.
Ces Campagnes de pub, payées par des gens innocents pensant aider à travers leurs dons. Tandis qu'une main donne, sous les flashs lumineux des appareils photo, l'autre prend dans l'ombre.
NOUS SAVONS TOUS QUE LE DOLLAR NE VAUT RIEN. Et que l'Europe ne reflète que l'intellect et la technologie allemande [...].*

COMMENT PEUT-ON S'ATTENDRE A DES DONS DE LA PART DE NATIONS QUI POSSÈDENT SI PEU ?

C'est si gentil de votre part de nous apporter des crayons de couleur et de nous prendre notre or et nos diamants. Au lieu de ça,

vous feriez mieux de venir les mains vides. Avec intégrité et honneur. Je voudrais partager notre richesse avec vous, et vous invite à faire de même. L'idée c'est qu'une Afrique équilibrée et combative ne disperserait pas ses ressources aussi facilement et allègrement. Logique ! Elle vendrait bien évidemment ses ressources au prix du marché.
Ce qui, en retour, déstabiliserait et affaiblirait les économies occidentales qui sont bâties sur le système post-colonial du pillage à volonté.
L'an dernier le FMI rapportait que 6 des 10 économies les plus florissantes étaient en Afrique. Selon la croissance de leur PIB. Le trésor public français reçoit, par exemple, environ 500 milliards de dollars, chaque année, en avoirs de réserve de change issus de pays d'Afrique, le tout basé sur une dette coloniale qu'ils sont forcés de payer. »

L'ancien président français JACQUES CHIRAC a récemment déclaré lors d'une interview :
« Il nous faut être honnêtes et reconnaitre qu'une grande partie de l'Argent dans nos banques est précisément issue de l'Exploitation du continent Africain. ». En 2008 il a expliqué que : sans l'Afrique, la France serait reléguée au rang de puissance du tiers-monde ».
Voilà ce qui se passe dans le monde des humains.

LE MONDE QUE NOUS AVONS CRÉÉ !

Vous êtes-vous demandé comment les choses se passaient dans la nature ? On aurait tendance à penser que dans l'évolution, le plus apte survit. Cependant dans la nature, toute espèce qui sur-chasse, qui sur-exploite les ressources dont elle dépend pour se nourrir, se voit tôt ou tard éliminée par la sélection naturelle.
Parce qu'elle perturbe l'équilibre ! »

(Discours sur le pillage des ressources africaines par l'Occident). Pour regarder la vidéo vous pouvez vous rendre sur ce site ammafricaworld.org.

Parfois je préfère céder la parole à un occidental, tellement les choses à dire sont graves et dans la bouche des Africains peuvent paraitre diffamatoires, racistes ou idéologiquement orientées.

Voici l'extrait d'un article titré « *Un composant du capitalisme : Comment la philanthropie perpétue les inégalités* » sur l'historien danois Mikkel Thorup qui épingle le capitalisme philanthropique dans son dernier livre et qui résume ainsi :
« Sans les ONG, le capitalisme tel que nous le connaissons n'aurait jamais pu survivre, et sans ce capitalisme, aucune ONG ne serait nécessaire. On comprend dès lors pourquoi les ONG sont des instruments géostratégiques ».

Ils corrompent la société civile africaine

J'en ai MARRE que le premier tocard mafieux *oxydental* venu, se photographie avec des Africains souriants, à qui il a jeté quelques misérables miettes de ce qu'il nous a pris illégalement avec la complicité de nos traitres de dirigeants, et vienne se glorifier ensuite en nous parlant d'aide !!!

Arrêtons cette tragi-comédie des ONG dont nous sommes les dindons de la farce !!!

Qui va éduquer les Africains à refuser les miettes des gens de cet acabit, de ces ONG *oxydentales,* bras armés et complices de nos prédateurs qui nous pillent depuis plus de 56 ans et nous maintiennent dans la misère absolue orchestrée parce que cela arrange tout le monde ???

PUISSENT NOS ANCÊTRES NOUS AIDER A NOUS DÉBARRASSER DE TOUS CES NUISIBLES !!!

On se demande partout sur les réseaux sociaux « *pourquoi la star américaine d'origine sénégalaise Akon a fourni l'énergie solaire à 600 000 Africains en un an, que faisaient toutes ces ONGS ces 40 dernières années en Afrique* » ?

Que cela soit vrai ou faux concernant Akon, la réponse pour la dernière partie de la question est :

- nous piller en dépensant eux-mêmes les fonds soi-disant alloués (en experts *oxydentaux*, en frais de fonctionnement, en salaires, beaux appartements et belles voitures pour leur personnel),
- activités d'espionnage
- maintenir le mythe de l'*oxydental* sauveur des Africains miséreux.

Il est quand même temps pour les Africains de se réveiller par rapport à cela !

Il faut que les Africains sachent et surtout vous les jeunes que *« SI UN PRODUIT EST GRATUIT, C'EST QUE C'EST VOUS LA MARCHANDISE »* selon un adage.

Notre réussite ne les arrange pas, ceux qui croient à leur « humanisme universel » sont des fous. Et là je ne parle pas de certains individus sincères qui viennent donner leur temps et leur propre argent dans un village reculé d'Afrique. Je parle d'organisations avec pignon sur rue, financées à outrance par l'*oxydent* et qui dépensent les 3 quarts de leur financement en fonctionnement et pour leur propre train de vie.

TOUT ÇA existe dans la Zone "*franconfaune*"...

La soi-disant dette et le pillage

Les bailleurs sont les pilleurs !

Capitaine Thomas Sankara qui était un véritable visionnaire a fait un discours mémorable devant toutes les nations sur la soi-disant dette et ce discours mérite que vous essayiez de le retrouver et de l'écouter dans son intégralité !

« *La dette ne peut pas être remboursée parce que d'abord si nous ne payons pas, les bailleurs de fonds ne mourront pas. Soyons-en sûrs. Par contre, si nous payons, c'est nous qui allons mourir. Soyons-en sûrs également* ».

« Et quand nous disons que la dette ne saurait être payée ce n'est point que nous sommes contre la morale, la dignité, le respect de la parole. Parce que nous estimons que nous n'avons pas la même morale que les autres. Entre le riche et le pauvre, il n'y a pas la même morale. La bible, le coran, ne peuvent pas servir de la même manière celui qui exploite le peuple et celui qui est exploité; Il faudrait alors qu'il y ait deux éditions de la bible et deux éditions du coran.

Nous ne pouvons pas accepter qu'on nous parle de dignité, nous ne pouvons pas accepter que l'on nous parle de mérite de ceux qui payent et de perte de confiance vis-à-vis de ceux qui ne payeraient pas. Nous devons au contraire dire que c'est normal aujourd'hui, nous devons au contraire reconnaître que les plus grands voleurs sont les plus riches. Un pauvre, quand il vole, il ne commet qu'un larcin ou une peccadille tout juste pour survivre par nécessité. Les riches ce sont eux qui volent le fisc, les douanes et qui exploitent les peuples. »

Capitaine Thomas Sankara, extrait du discours sur la dette des pays africains à la 25e Conférence de l'OUA (Addis-Abeba, 1987)

Le cas dramatique de la RDC au sous-sol le plus riche d'Afrique

« Un des conflits les plus meurtriers de l'histoire, passé sous silence médiatique. Dans la plus grande indifférence générale, six millions de personnes, dont la moitié pas plus âgée que 5 ans, ont péri en République Démocratique du Congo en un peu plus de vingt ans.

Comment un génocide d'une telle ampleur passe-t-il inaperçu ? Faut-il attendre une cinquantaine d'années, comme l'holocauste, pour qu'il soit reconnu ? Comment six millions de voix éteintes ne peuvent-elles pas faire de bruit ? Un des plus gros massacres de l'histoire est actuellement en cours. En République Démocratique du Congo (anciennement Zaïre, sous le régime de Mobutu), la deuxième guerre du Congo s'est officiellement terminée en juin 2003 et a fait quelque quatre millions de morts, principalement de famine et maladie, selon le rapport de l'International Rescue Committee. Cependant, encore aujourd'hui, ce bilan ne cesse de s'alourdir. On ne peut déterminer avec précision le nombre de morts exact mais une chose est sûre : il est comparable à celui des exterminés du Troisième Reich.

Le désintérêt global du génocide congolais
Malgré la fin présumée du conflit, de nombreuses milices continuent à commettre des crimes de guerre. Les viols sont monnaie courante et le tout dans la plus grande indifférence mondiale. Espérons que ces millions de vies ne se seront pas éteintes pour rien et qu'un jour on en parlera comme l'un des génocides les plus meurtriers de l'histoire, à juste titre. »

Extraits d'un article « RDC 6 millions de morts passés sous silence » (source : clusternews.fr)

Nos dirigeants corrompus sont les saboteurs de l'Afrique

Voici le premier critère à appliquer aux élections présidentielles en Afrique et au Sénégal :

UN HOMME OU FEMME CAPABLE DE NOUS GARANTIR LA SOUVERAINETÉ !

L'*oxydent* torpille tout ce qui peut nous faire relever la tête, c'est un fait, pas une fiction et il y est aidé par ses pions qui nous gouvernent !

Le système est bâti de telle sorte que les Africains sont éduqués depuis le bas âge pour être des complexés vis-à-vis de l'*oxydent* tout puissant et que donc le rêve de nos filles et fils est d'émigrer dans les pays qui nous pillent pour avoir des strapontins misérables là-bas, tandis que les *oxydentaux* eux ont le champ libre pour venir s'enrichir chez nous !!! La boucle infernale la voici !

D'autre part, TOUT ce qu'ils ne peuvent plus faire sur le dos des européens (grâce au contrôle et combat des associations de consommateurs ou de citoyens), ils viennent le faire en Afrique : marges hallucinantes Télécoms, déchets toxiques à enterrer, médicaments interdits en Europe mais en vente légale dans nos pharmacies (des centaines répertoriés par un médecin Africain), etc...

Ils viennent se rattraper en Afrique où ils corrompent nos dirigeants et savent pertinemment que nous n'avons aucune association de consommateurs ou de citoyens digne de ce nom... Voilà... Donc c'est notre faute !!!

Sans parler de la confiscation inique des entreprises nationales comme Sonatel au Sénégal...

Vivement une vraie souveraineté partout en Afrique !

Le grand résistant Cheikh Amadou Bamba

Aujourd'hui, il y a un phénomène que je ne m'explique pas, nous avons eu la chance au Sénégal d'avoir un grand résistant à la colonisation en la personne de Cheikh Ahmadou Bamba et dont l'enseignement religieux est infiniment vivace encore de nos jours (je peux constater cela même si je ne suis pas dans cette religion) et ses « talibés » sont pléthore au Sénégal et partout dans le monde, et quand ce grand personnage est caricaturé ils sont capables de descendre en masse dans la rue pour protester et pourtant ils ne font RIEN de son énorme héritage de RÉSISTANT à l'oppression... Il leur a pourtant donné l'exemple !

Si on se dit son héritier spirituel pourquoi ne pas aussi manifester massivement contre le franc cfa ou les ape (accords de pillage économique de l'Afrique ?) ou même contre la mendicité des enfants dont je suis sûre qu'il n'aurait jamais cautionné de les voir dans cet état... Ni de les voir enchainés avec des fers aux pieds comme des animaux ou des esclaves par certains marabouts comme celui de Diourbel de sinistre mémoire en février 2016 !

Cette question me turlupine vraiment, pourquoi cantonne-t-on notre cher Bamba à son rôle de guide spirituel ? Pourquoi son combat anti-impérialiste et anti-colonialiste n'a-t-il pas forgé un grand nombre d'héritiers parmi ses adeptes et parmi les sénégalais qui l'adulent ?

Quelle tristesse !

RÉALISEZ L'UNITÉ

« Une famille unie mange dans la même assiette » !

SOYEZ UBUNTU !

UBUNTU
Je suis parce que nous sommes
Je suis ce que vous êtes
Je suis ce que je suis grâce à ce que nous sommes tous
Nous sommes UN
Vive l'Afrique Unie
Vive les États Africains Unis

UBUNTU
I am because we are
I am what you are
I am what I am because of what we all
We are one
Long live the United Africa
Long live the United African States

En Swahili
Ubuntu
Mimi ni kwa sababu sisi ni
Mimi ni nini ni
Mimi kama nilivyo kwa sababu ya kile sisi wote
Sisi ni moja
Long kuishi Umoja wa Afrika
Long kuishi Nchi za Afrika

(C'est une traduction du célèbre moteur, je m'en excuse, en attendant de prendre des cours de Swahili)

Pour réaliser ce rêve d'unité, nous avons pourtant à notre disposition un concept exceptionnel, issu de notre sagesse ancestrale, le concept d'UBUNTU.

Ubuntu est un concept qui trouve son origine dans les langues bantoues de l'Afrique du Sud et qui a inspiré la politique de réconciliation nationale permettant ainsi aux Africains du Sud de se réconcilier et de s'unir malgré la haine tenace qui les rongeait... .

L'Afrique est en train de saisir cette chance de changement et se tourner résolument vers la pensée et l'action positives, vers l'Unité, vers l'esprit UBUNTU… Ubuntu, donc. Mot-viatique, mot-baobab. Mot-concept enfin, difficilement traduisible en langues européennes (Slate Afrique)

Ubuntu veut dire « *Je suis parce que nous sommes » ou « je suis ce que je suis, grâce à ce que nous sommes tous* »
Quelqu'un d'Ubuntu est ouvert et disponible pour les autres car il a conscience d'appartenir à quelque chose de plus grand.

Disons que c'est une responsabilité sociale et humaine à l'Africaine !

Revenons à notre sagesse ancestrale !

Appliquons ce principe à tous les niveaux dès demain, appliquons ce principe d'Ubuntu partout, réalisons l'Afrique unie, l'Afrique prospère et en paix.

Les jeunes doivent conduire le changement de conscience afin que l'Afrique devienne une belle terre promise pour tous ses enfants, au lieu d'être le paradis des nombreux prédateurs qui l'agressent de partout...

J’affirme que nous Africains ne pourrons pas résoudre les problèmes de l’Afrique avec le même « état de conscience » dans lequel nous étions lorsque nous les avons subis, et certainement pas avec ceux qui les ont créés…

Appliquons ce principe à tous les niveaux dès demain, appliquons ce principe d’Ubuntu partout et réalisons notre rêve sans attendre, réalisons l’Afrique Unie, les États Africains Unis !

Changeons de paradigme afin que notre unité empêche les guerres, changeons de paradigme afin que notre solidarité éradique les maladies...

Un nouveau paradigme doit être instauré en Afrique, un monde meilleur où tous les Africains trouveront leur vraie place et auront leur part d’éducation, de richesse humaine et matérielle, de culture, avec des programmes qui tiennent compte de leurs us et coutumes, de leurs traditions profondes et de leur vécu historique et culturel. Un monde où ils seront libres de leurs choix individuels et collectifs, où tous les hommes et les femmes du continent seront égaux en droit, pourront vivre dans la justice, dans la fraternité, en sécurité et en paix, dans le respect de la nature et dans la dignité pour tous.

Une grande évolution de conscience doit avoir lieu en Afrique... Il s'agit d'un processus par lequel les individus, les groupes, les familles, les organisations, les sociétés, les nations, peuvent prendre conscience qu’un nouveau paradigme est possible si nous adoptons individuellement et collectivement un état d’esprit positif, volontaire, inventif, pragmatique, constructif et dans la fierté de notre Histoire, de nos valeurs.

Une grande évolution de conscience doit donc avoir lieu en Afrique dans tous les domaines et à tous les niveaux surtout dans l’éducation…

Je plaide pour que nos enfants soient mieux traités, car c'est eux notre avenir. J'ai fondé le Collectif STOP à la Mendicité des Enfants et je milite afin qu'ils sortent définitivement de la rue.

Je rends hommage à Thomas Sankara un homme extraordinaire, un digne fils d'Afrique dont nous pleurons la perte encore aujourd'hui, qui disait « *Nous avons besoin d'un peuple convaincu plutôt que d'un peuple vaincu* ».

RÉALISEZ L'UNITÉ DANS LE COMBAT

Notre problème en Afrique est que nous sommes habitués à nous laisser définir par les autres, à nous catégoriser, nous mettre dans des cases et nous opposer les uns aux autres, entre catholiques et musulmans, entre Africains ou membres de la diaspora, entre communistes et libéraux, entre diplômés et analphabètes, entre Sankaristes et Madibaristes, entre intellectuels et pragmatiques, ou que sais-je encore, etc…

Il nous faut réaliser l'unité dans le combat que nous menons contre de multiples ennemis, prédateurs, systèmes !

Tant que nous ne serons pas inclusifs en ayant de la bienveillance envers nos propres frères de combat, que les forces ennemies nous désignent comme mauvais, haineux, racistes, etc… il n'y aura pas de victoire sur le néocolonialisme.

Tant que nous n'arrêterons pas le mépris envers un autre frère sous prétexte qu'il n'a pas la même vision que nous, la même méthode de combattre, etc… Nous ne gagnerons pas contre le mépris des autres !

Chaque combattant a sa vision propre et cette vision aussi humble soit elle est à intégrer à la vision globale et c'est cela qui nous rendra invincibles !

Le message de Aminata Traoré est à associer à celui de Kemi Seba, qui est à additionner à celui de Jean Paul Pougala, ou à celui de Ama Mazama et celui de Molefi Kete Asante doit être ajouté à celui de Felwine Sarr, ou encore celui de Achille Mbembe, etc…

Il y a aussi, ceux qui critiquent beaucoup les autres, *« celui-là est trop égocentrique, égotique ou n'est militant que pour exister, pour se montrer, etc... »*. Tout ça parce que cette personne recherche ou a de la visibilité pour son combat. Quel est le combat qui peut trouver assez de combattants sans visibilité ? Quelle est la lutte qui peut recruter des lutteurs sans un minimum de notoriété ? Quelle est la cause qui peut gagner toute seule dans son coin sans que le plus grand nombre ne vienne à la rescousse ?
D'ailleurs, je ne connais aucun militant qui fasse cela pour sa notoriété, car militer demande des sacrifices de chaque instant, une vie personnelle laissée pour compte, un compte en banque vide (je parle des combattants sincères qui ne vont pas à la soupe), tous les militants que je connais, les connus ou non, vivent et respirent leur militantisme chaque seconde, les plus connus sont ceux qui se sacrifient le plus, car la notoriété est à double tranchant, les sollicitations sont permanentes, la mobilisation et la galvanisation des autres demandent énormément d'énergie et de ressources !

Il nous faut arrêter ce genre de critique qui ressemble à de la jalousie ou de la méchanceté, ce que beaucoup reprochent aux Africains en général, aucune tête ne doit dépasser sous peine de critiques et d'insultes !!!

Il faut que cela cesse, si nous voulons conduire la renaissance de notre continent à bon port, il faut nous rassembler et nous entre-aider dans cette lutte difficile, nous faire la courte échelle les uns, les autres, nous serrer les coudes, accepter les timides, les exubérants, les tonitruants et les humbles, tous les prendre comme ils sont avec leur personnalité, du moment qu'ils servent la bonne cause de manière efficace !

Il faut arrêter les critiques infondées et les médisances entre combattants de la même cause et s'unir ! Chacun sa personnalité, chacun sa façon de faire, chacun son apport !

Personne ne doit être aussi prétentieux de croire, que lui seul détient la bonne vision, la bonne manière de faire, la bonne mentalité ou le bon timing…

Tant que nous ne serons pas unis dans le combat en incluant tout le monde, nous ne serons pas audibles, pas victorieux !

Il faudra apprendre à travailler tous ensemble même si on n'a pas la même méthode, le même mode de pensée ! C'est vital !

Et vous les jeunes, je vous dis, essayez de ne pas vous définir comme Madibaristes, Sankaristes, ou autres !
Même si on peut avoir son préféré, cela vous limite, car chacun de nos héros a une partie du message, chacun d'eux détient une pièce unique du puzzle global, c'est comme une carte d'un trésor dont chacun possède un bout, et nous n'aurons jamais la totalité de ce message, de cet héritage, si nous n'assemblons pas les pièces du puzzle !!!

RÉALISEZ L'UNITÉ AFRICAINE !

« Dans la forêt, quand les branches se querellent, les racines s'embrassent. »

À notre peuple de Kongo Katiopa, nos frères et sœurs, Africains des Amériques, des Antilles, de l'Océan Indien, d'Europe, d'Asie et d'Australie !

Nous ne vous avons pas oublié et nous ne formons qu'un seul peuple dispersé aux 4 vents.

« *Vous devez savoir que la Mère Afrique existe, qu'elle résiste, demeure fière d'elle-même et qu'elle revendique tous ses enfants...* » Aminata Dramane Traoré.

Toutes les grandes avancées dans ce monde ont d'abord été rêvées, et puis ancrées dans la réalité à force de ténacité et d'obsession...
Je crois en la puissance de notre rêve qui est en marche contre vents et marées et qui se réalisera, j'y crois même fermement et je garde le cap !
Nous devons rêver afin qu'un rêve se matérialise...

Nous rêvons d'unité et nous avons créé un site Carte d'Identité Africaine et du Citoyen Panafricain où vous pouvez faire vous-même votre carte et affirmez haut et fort "Je suis Africaine du Sénégal" ou "Je suis Africain de Haïti", "Je suis Africaine de..." etc...
Cette carte virtuelle va ancrer notre rêve pour qu'il se matérialise !

Je rêve d'Unité africaine, ce rêve d'une Afrique Unie nous sommes si nombreux à le porter, je pense que tous les Africains le portent en eux et nous ne savons pas pourquoi il tarde autant...

Pourquoi ce rêve tarde-t-il ? Pourquoi ne pas le réaliser dès demain ? Pourquoi est-ce si compliqué à réaliser ?

De quoi avons-nous peur ?

Avons-nous peur de la force colossale que cette unité donnera à Notre Magnifique Afrique ?
Comme disait Nelson Mandela : « *Notre peur la plus profonde n'est pas d'être incapable. Notre peur la plus profonde est d'être puissants au-delà de toute mesure. C'est notre lumière, pas notre ombre, qui nous effraie le plus.* » Fin de citation.

Le monde entier nous perçoit comme Africains, un seul groupe et nous seuls disons « *non je suis ceci, je suis cela, je suis…* »

« *Il faut savoir que l'adversaire vous tue intellectuellement, il vous tue moralement avant de vous tuer physiquement. Mais c'est de cette manière qu'on a éliminé des groupes entiers.* » Cheikh Anta DIOP

Salut ! États Unis d'Afrique,

Salut ! États Unis d'Afrique-Libre !
Salut ! Mère Patrie brillante, divinement juste !
États-Unis en parfaite fraternité,
Né de la vérité ; puissant tu vas toujours être.

Salut ! Douce terre du père de notre parent noble !
Que soit toujours connue la joie sans limites ;
Ami des pauvres errant, et impuissant, Toi,
La lumière à tous, fait régner la liberté en ton sein.

De la côte Pacifique Ouest du Libéria

Au Cap moussant à l'extrémité sud,
Il n'y a qu'une seule loi et un sentiment sublime,
Un drapeau et son emblème qui exprime notre fierté

Les Nigérians se sont tous unis aujourd'hui,
La Sierra Leone et la Côte d'Or, aussi.
Gambie, le Sénégal, pas divisé,
Mais dans une union joyeusement scellée.

La trahison des siècles est morte
Tous les envahisseurs blancs sont à jamais disparus ;
La maison de Shaba une fois de plus libre et heureuse,
Alors que le monde au teint noir et clair peut lever la tête.

Bechuanaland, un État avec le Kenya
Les membres de la plus grande union fédérale,
Envoient leurs salutations à leur sœur de Zanzibar
Il en va de même pour Tanganyika tout content.

Du Côté de la Grande Mère Mozambique
Le joli drapeau de l'Union flotte dans l'air,
Elle est la sœur du bien-aimé bonne Somaliland
Souriant avec les enfants du Dahomey.

Trois hourras pour le vieux Basutoland,
Tombouctou, Tunisie et l'Algérie,
Ouganda, Cameroun, tous ensembles
Sont dans l'Union avec Nyassaland.

Nous avons attendu longtemps l'intrépide Maroc,
Maintenant, avec la Guinée et le Togo, elle est venue,
Tous libres et égaux dans la fraternité,
Comme Swazi, Zululand et le Congo.

Il n'y a pas un état gauche qui n'est pas dans l'Union-

L'Est, Ouest, Nord, Sud, y compris le Centre,
Sont dans la nation, toujours forte,
Plus de Noirs sous domination étrangère.

Marcus Garvey (1887-1940) un des premiers héros nationaux de la Jamaïque. Grand défenseur de la cause des noirs. En 1914, il a fondé l'Universal Negro Improvement Association and African (UNIA), le premier mouvement de masse international militant pour l'amélioration du sort des Noirs.

Formez-vous et armez-vous de sciences jusqu'aux dents et arrachez votre patrimoine culturel.
À formation égale la vérité triomphe et aucune paresse ne pourra nous dispenser de cet effort ». Cheikh Anta DIOP.

Et pourtant nous dit un panafricaniste Djibril Ba :
« L'Africain est expert en tout, Il est catholique, il est musulman, il est hébraïque, il est animiste, L'Africain est arabophone, il est anglophone, il est hispanophone, il est lusophone, en un mot il est presque l'universel mais divisé et dispersé.
Quand prendra-t-il conscience de tous ces atouts, lesquels s'ils ne sont pas utilisés à bon escient représenteront un handicap majeur à sa renaissance ? »

Quasiment tous les dirigeants africains notamment francophones sont inféodés à des forces qui asservissent et pillent l'Afrique comme bon leur semble, c'est cela que je dénonce souvent… Pour satisfaire des intérêts exogènes ainsi que leurs propres intérêts et ceux de leurs familles, nos dirigeants oppriment leur peuple et ne se préoccupent pas de leur bien-être. Le Sénégal par exemple est dans le même cas, malgré le soi-disant jeu démocratique bien ancré… Les injustices et la pauvreté demeurent comme partout en Afrique… C'est dommage, on dirait que la politique ne sert qu'à s'enrichir et à signer des contrats juteux avec des étrangers qui pillent nos sous-sols.

Je répondais lors d'une interview dans le magazine Dziri Magazine mensuel algérien, à la question « *Est-il urgent que les pays du continent se réunissent ?* »

Il est très urgent que les pays Africains se réunissent car à l'heure des grands ensembles dans le monde comme les USA, l'Union européenne et autres, nous nous sommes en Afrique des états confettis hérités de la tristement célèbre conférence de Berlin... Il est temps que cela cesse ! Et là je pense que le modèle fédéral est le plus approprié avec une monnaie unique, une libre circulation des personnes et des biens en Afrique, je suis sûre que nous pourrons mieux nous défendre si nous sommes ensemble contre tous les prédateurs qui agressent et pillent notre continent sans arrêt... D'ailleurs j'ai crée avec des partenaires un site pour se fabriquer symboliquement une carte d'identité africaine en attendant la vraie (site carte-identite-africaine.org) je fais aussi partie du Comité d'Initiative pour les États Africains Unis qui prépare un congrès pour une Afrique fédérale, congrès chargé de faire comprendre à nos dirigeants, l'urgence de l'union et leur demander un référendum à l'échelle du continent... Nous créons des comités nationaux dans chaque pays... Et d'ailleurs, nous aimerions créer un comité national en Algérie, je lance un appel par exemple à des personnes comme Amazigh Kateb qui ont l'Afrique au cœur... Il faut que tous les Africains se mobilisent pour la réussite de ce projet qui prend de l'ampleur est qui a également un grand succès auprès des Africains de la diaspora. Vous pouvez visiter le site etatsafricainsunis.org

Là je parle de tous les enfants d'Afrique et de la diaspora...Kongo Katiopa

KATIOPA (Kama et sa diaspora mondiale)

Il faut pouvoir compter sur tous les enfants d'Afrique dispersés à travers le monde, qui eux aussi rêvent de retrouvailles pleines de pleurs et de joie... J'en vois de plus en plus qui œuvrent dans le sens de la communion, de la réunification de toutes nos forces... Ils ont l'Afrique chevillée au corps et le regard constamment tourné vers la source, vers les racines, car eux aussi rêvent de l'Afrique Unie.

Et ce que je viens de dire, décrit parfaitement mon amie Mylène Polomack, Africaine de Martinique qui pourtant, rêve Katiopa, respire Katiopa, mange Katiopa, prie Katiopa, etc., chaque instant de sa vie ! Elle a créé une superbe institution jetant un pont entre l'Afrique et la Caraïbe dans tous les domaines notamment le domaine culturel !

L'Afrique est riche de tous ses enfants, ceux pris il y a plusieurs siècles, contre leur gré dans le piège de l'esclavage, ceux partis hier pour des raisons économiques et sociales, et ceux qui sont là aujourd'hui...

Je pense aux Africains de Martinique, de Guadeloupe, de Guyane, de l'Ile de la Réunion, de l'Amérique, etc., et même ceux d'Australie, les Aborigènes, et même ceux de Chine (eh oui en chine il y a encore des autochtones noirs, comme en Indonésie, comme partout sur la planète en fait). Faites vos recherches, il existe des ouvrages, des conférences sur ce sujet des premiers peuplements de toutes ces régions de la planète par des Noirs…

Toutes ces différentes couches de diasporas africaines, apportent déjà beaucoup à l'Afrique, mais rêvent de lui apporter encore plus dans tous les domaines...

L'Afrique, Kama, doit réunir tous ses enfants de la planète, une réunification spirituelle et énergétique, une reconnaissance, si cela ne peut être au niveau physique, géographique ou politique.

Une période de transition vers un avenir positif s'ouvre, remplie d'espoir et de nouveaux potentiels.

HONOREZ LA TERRE NOURRICIERE

LABOUREZ, PRENEZ DE LA PEINE !

Je vous exhorte vraiment, vous les jeunes, à vous tourner vers les métiers de la Terre, c'est une voie qui va garantir la sécurité alimentaire en Afrique, un retour à cette nature belle et TRÉS riche africaine !
Il y a tellement de belles choses à faire, de belles choses à créer, labelliser des terroirs, produire de l'alimentation, des cosmétiques, de la pharmacopée, avec des modes de production moderne, réalisés par nous-mêmes, élever, transformer nous-mêmes ce que nous consommons

- Arrêter d'importer ce dont nous avons besoin
- Arrêter aussi d'exporter nos matières premières agricoles
- Reprendre la maitrise de nos terres !!!

Il y a un jeune homme que je connais, il habitait en France, il animait une émission radio qui s'appelait si je me souviens bien « la voie du retour » ou un truc comme ça, il m'avait interviewée ! Là, le voilà depuis quelques années dans la brousse sénégalaise, à travailler la terre et apparemment il ne le regrette pas d'après les photos qu'il poste sur les réseaux sociaux !

Nous avons trop été éduqués dans un système de valeurs qui nous dit que le travail de la terre est dévalorisant !

Il faut que cela change, je connais beaucoup de jeunes Sénégalais, des citadins très branchés qui ont fait ce choix de la terre, qui produisent des tonnes de légumes pour les marchés par exemple ou qui fond de l'alimentation BIO et qui en vivent PLUS QUE BIEN, ont de belles voitures, font des virées en ville dans des restaurants chics, ont une belle femme (rires !) et une famille heureuse !

De plus, ces genres d'activités de production ou d'élevage peuvent être couplées avec une activité touristique ainsi qu'un magnifique cadre et une belle qualité de vie.

Avec mes encouragements, mon propre neveu Eumeu a mis sur pied un élevage de magnifiques volailles de race, mais aussi de poulets de chair, de pintades, etc… Il est incollable sur le sujet, est passionné et en vit très bien et aide sa famille avec ça !

Il faut revoir vos critères à ce niveau-là et DÉCONSTRUIRE l'*allienation* associée aux études poussées coûte que coûte, avec au bout un travail en costume cravate dans des bureaux !

Un exemple :
En 1976, avec un capital de 60.000 FCFA, le jeune sénégalais Babacar NGOM âgé à l'époque de 21 ans, débutait avec un élevage de 120 poussins. SEDIMA possède aujourd'hui une capacité de chargement de 17 472 000 œufs/an pour une production annuelle de 14.560.000 poussins. Il a évolué pour atteindre un capital de 2 milliards de FCFA.

Regardez aussi l'histoire de ce jeune citadin ayant fait de grandes études mais qui a mis en place *La laiterie du berger*, à l'échelle nationale ! C'est une grande réussite !

IL Y A TELLEMENT DES BELLES CHOSES À FAIRE !

SÉCURISEZ LES TERRES AFRICAINES !

Garantir les droits immémoriaux des peuples des steppes, des villageois, des peuples des forêts et arrêter les massacres de la nature et l'accaparement des terres !

Voici des extraits d'un article d'un site spécialisé dans l'environnement (environnement-afrique.com) **L'accaparement des terres en Afrique : Investissement ou pillage ?**

« Au moins 2,5 millions d'hectares de terres ont été achetés en Afrique par des États étrangers, des multinationales ou des fonds de pension, soit l'équivalent du territoire de la Belgique. C'est ce que révèle un rapport de la FAO – l'Agence de l'ONU pour l'agriculture et l'alimentation.

[...] Ce phénomène d'accaparement des terres est difficile à maitriser car de nombreuses transactions se passent dans la plus stricte confidentialité.

N'oublions pas les Chinois, Indiens, Coréens du Sud et les économies pétrolières du Golfe qui sont à la recherche de terres étrangères pour répondre à leurs besoins croissants de production alimentaire.
[...] 66 % des transferts concernaient l'Afrique.

Depuis l'an 2000, 5 % de l'espace africain cultivable a été concédé à des investisseurs étrangers, notamment en Afrique de l'Est (Tanzanie, Soudan, Mozambique) et centrale (RDC, Cameroun), mais aussi à l'Ouest (Sierra Leone, Nigeria, Mali, Sénégal).

LA QUESTION EST : ON FAIT QUOI POUR CONTRER CETTE TENDANCE ALARMANTE POUR LES AFRICAINS ?

Je pense que vous les jeunes, vous devriez vous organiser partout en Afrique pour vous opposer à ces achats massifs et pour mieux les prévenir !

Pourquoi ne pas fonder une organisation panafricaine spécifique : avec un représentant et des membres dans chaque ville et chaque village d'Afrique

- pour conscientiser et sensibiliser les Africains en milieu rural
- les aider à faire établir les papiers ou titres fonciers à leurs noms car souvent ces terres où ils vivent depuis la nuit des temps, ne leur appartiennent pas « légalement »
- Intervenir et alerter l'opinion en cas d'expropriation et d'expulsion avec un pool d'avocats du pays
- Établir une veille
- Etc…

Ces actions sont tout à fait possibles même si les groupes pilleurs et *accapareurs de terres* concernés sont très puissants, car chevilles ouvrières et têtes de pont de la *france à fric* comme l'omniprésent Groupe Bolloré qui est dans pas moins de 43 pays Africains.

Il y a le groupe Bolloré (Selon le site du groupe, 150 000 hectares de plantations d'huile de palme et d'hévéas, pour le caoutchouc, ont été acquis en Afrique et en Asie). L'équivalent de 2700 exploitations agricoles françaises).

Il y en a beaucoup d'autres… Lire l'article sur le site indiqué plus haut ! Il y a beaucoup d'articles sur le sujet, notamment la chronique des combats que mènent parfois des groupes d'activistes africains contre les multinationales. Le petit pot de terre, contre le pot de fer.

La lutte à ce niveau doit se faire avec une puissante organisation panafricaine pour arrêter cette hémorragie ! AGISSONS !

La conclusion de l'article :

« La surconsommation en Europe est l'un des plus puissants moteurs de l'accaparement de l'espace écologique des pays du Sud par les pays riches. Dans un monde où la quantité de terres est limitée, la surconsommation des uns signifie l'impossibilité pour d'autres de répondre à des besoins fondamentaux comme cultiver la terre pour se nourrir.

À ceci, il faudrait ajouter la demande croissante en agrocarburants qui, d'après un expert, « a conduit à un doublement de la consommation européenne d'huile végétale.

»

LIBÉREZ L'ART ET LA CULTURE

L'INDÉPENDANCE COMMENCE PAR L'ART ET LA CULTURE !

Voici des extraits de la conférence que j'ai donnée tout d'abord à Alger lors du FIAC (2015 Festival d'Art Contemporain) au MAMA (Musée National d'Art Moderne et Contemporain d'Alger) et ensuite au Monument de la Renaissance Africaine lors de la biennale des Arts Dak'Art 2016.

L'histoire des appellations successives données par l'occident à l'Art Africain en général

Pour commencer j'aimerais retracer avec l'aide du livre de Babacar Mbaye Diop Docteur en Philosophie de l'Art qui s'appelle « *Critique de la notion d'art africain* », aux éditions Connaissances et Savoirs, l'histoire des appellations successives données par l'occident à l'Art Africain en général.

ART traditionnel Africain

Autrefois considérés comme idole ou fétiche, l'objet d'art africain traditionnel est aujourd'hui un produit convoité par sa beauté esthétique : on admire les formes, on commente la composition plastique, l'équilibre des volumes, les caractéristiques stylistiques. Il est désormais entré dans la catégorie « Art » avec un grand A. Mais du mépris à la reconnaissance, plusieurs expressions ont été utilisées pour le désigner.

La notion « Art africain » renvoie, en effet, à une réalité imagée par les idées d'une époque. On fait suivre au mot « art » un adjectif attestant des représentations du moment et c'est ainsi que paraîtront les adjectifs « primitif », « tribal », « premier » attenants au terme « art » : chaque terme étant chargé de sens et rappelons ici que le concept d'« art africain » est une création purement occidentale.

ART Contemporain Africain

Avec le contexte actuel de la mondialisation et de l'immigration, les artistes africains sont dans une nouvelle quête identitaire et réfléchissent sur le phénomène du métissage et de l'hybridité. Ils projettent dans leurs œuvres leur conscience esthétique, leur conscience artistique individuelle. Ils assignent une destination esthétique aux œuvres qu'ils produisent, œuvres destinées à être vues, à être exposées dans des galeries et à être vendues. Avec l'avènement du fameux « village planétaire » et l'usage de l'Internet, un autre récit, celui de la postmodernité, est donc en train de s'écrire à propos des arts de l'Afrique. La culture populaire est principalement à l'origine de l'art actuel. Elle prend les diverses formes de la créativité et donne à la vie quotidienne plaisir des sens et embellissement.
Ces productions sont un « triomphe de l'esthétique » et de « l'adoration de la beauté »

Des grands artistes s'exportent de plus en plus. Leurs principales destinations sont l'Europe occidentale et les États-Unis : le Sénégalais Ousmane Sow, l'Ivoirien Frédéric Bruly Brouabré ou le Béninois Romuald Hazoumé sont dans les plus grandes collections et leurs productions atteignent des prix élevés.

Il y a aussi 2 catégories, des artistes-artisans parmi lesquels on retrouve des bijoutiers, des cordonniers, des tisserands, et des sculpteurs.

De plus, la représentation des problèmes de la collectivité est devenue un schéma fréquent qui souligne l'importance de la communauté en Afrique, mais en rupture avec la fonction symbolique de l'art.

Le concept même d'Art contemporain est un concept purement occidental

« L'art contemporain » est défini essentiellement à travers un concept et un discours intellectuel, et sa définition en Occident repose sur la transgression systématique des critères artistiques pour ne pas dire des irrévérences et sur l'expérimentation de toutes les formes de rupture, de mise à distance avec ce qui précède.
Donc en occident, l'art contemporain ne signifie pas forcément art actuel, ou art d'aujourd'hui.

Les Africains ont une approche plus viscérale de l'Art, qui est l'expression de leur essence propre, sont-ils capables de s'approprier ce discours qui définit l'Art contemporain en Occident et de l'intégrer entièrement dans leur travail ?

Même s'il existe en Afrique noire « la chose qui va avec » le concept ART, Yacouba Konaté, dit dans son livre *« Pour une esthétique de la création africaine contemporaine »* (éd. L'Harmattan), quelque chose d'incroyable, il dit *qu'on n'a pas encore trouvé le mot « ART » en lui-même dans les langues africaines*. Cette affirmation m'a vraiment interpellée, je l'ai découverte en écrivant ce texte, mais cela ne m'étonne pas au fond…

Ces concepts d'analyse discursive qui sont absents de la culture africaine, peuvent-ils être assimilés par des artistes ou le public africain pour qui l'Art est plutôt sacré et utilitaire ? L'Art africain, qu'il soit traditionnel ou moderne, comporte en général un symbolisme destiné « à signifier ». En tant que tel, l'art africain est un langage…

Le problème est qu'en occident, la « théorie institutionnelle de l'art » intègre les artistes, philosophes de l'art, historiens d'art, critiques d'art et amateurs avertis dans le processus nécessaire pour conférer à un objet le statut d'œuvre d'art.
Tout ce processus est inconnu ou difficilement assimilable en Afrique pour de multiples raisons, tel que l'art conceptuel, mais les Africains à mon sens font de l'Art contemporain naturellement si on s'en tient à la définition d'immédiateté, de subversion, d'intensité, de rupture et d'inventivité débridée.

Donc, je serais tentée de dire, par provocation, l'occident a le discours de légitimation, le discours académique, et les Africains ont et produisent l'Art Contemporain naturellement, je dis cela pour paraphraser quelqu'un qui disait « *en occident vous avez la montre et nous on a le temps* »…

Une petite parenthèse, je dois préciser que lorsque je dis « occident » je parle d'un système d'organisation, de gouvernance et de prédation, je ne parle pas du peuple occidental lui-même… D'ailleurs beaucoup d'artistes européens pourraient se retrouver dans les mêmes définitions ou revendications que les Africains au niveau artistique et culturel…

Représentation de l'Art contemporain africain en occident

Des collectionneurs, des musées et des critiques occidentaux toujours plus nombreux s'intéressent davantage à l'art contemporain africain. Ils découvrent son intensité, sa beauté et sa force d'expression. Et cette tendance ira crescendo !

Contrairement à l'art traditionnel africain, qui visait le beau à travers l'utile, l'art contemporain africain vise le beau en lui-

même, le beau en soi. On passe de l'art fonctionnel à l'art esthétique.
Les œuvres d'art contemporain africain, contrairement à celles de l'art traditionnel africain, sont créées pour être vues ; ce sont des objets d'exposition et là, la production artistique à une finalité esthétique, concept de « l'art pour l'art » clairement hérité de l'occident au fil du temps.

La définition c'est l'affaire des producteurs, des récepteurs et des instances de reconnaissance et de légitimation. Nous les Africains nous créons et nous attendons d'être choisis dans le cercle fermé des artistes internationaux, d'être choisis par un promoteur occidental en général.

Donc à la question, les occidentaux définissent-ils l'art contemporain africain, la réponse est oui la plupart du temps ; car les artistes qui sortent du lot sont choisis et triés par eux du fait que c'est la promotion qui construit la représentativité et le succès notamment au niveau international.

Le tri de nos artistes par les occidentaux

Il convient de s'interroger sur les critères qui permettent le choix des artistes africains. Comment ces critères de sélection sont-ils définis ? La question de l'identité africaine entre-t-elle dans la détermination de ces choix ?

Si l'Afrique possède un art dit cultuel qui se distingue d'un art esthétique, c'est bien parce qu'elle est prise dans cette question d'identité et d'identification. La question de l'identité artistique pour l'Afrique est celle de sa propre identité. Définir l'art africain, c'est définir l'Afrique.

Les artistes africains pourront-ils construire un « noyau endogène » tout en procédant à des syncrétismes esthétiques et culturels capables de résister à la grande uniformisation culturelle.

La où le bat blesse, c'est l'absence flagrante de l'Afrique sur l'échiquier de l'Art contemporain mondial au niveau institutionnel, organisationnel et promotionnel.

Les critiques d'art africain sont rares, les acheteurs collectionneurs rares souvent anglophones d'ailleurs, donc pas de masse critique.
Les Africains ne contrôlent pas les mécanismes de reconnaissance et de légitimation pour l'internationalisation de leurs œuvres.

Le problème est qu'en définissant notre art, par ses choix de ce qui finit par faire référence en termes d'art africain, l'Occident définit in fine notre culture mais définit surtout ce qu'il attend de nous…
Et de toute manière notre culture en général est également promue par eux à travers leurs centres culturels implantés en Afrique avec des moyens financiers et logistiques qui nous font défaut… Donc la boucle est bouclée !

La question des moyens est cruciale, et la dépendance financière vis à vis de l'occident dangereuse pour la survie à terme de notre culture.

La promotion de l'Art Contemporain africain par l'occident, lui permet-elle de le définir et le façonner même inconsciemment au fil du temps ?
La réponse est malheureusement oui !

Cette définition de notre culture est un grand danger, couplé avec la mondialisation cinématographique, musicale et télévisuelle, elle finit par produire de l'*allienation* culturelle et esthétique au fil du temps sur les masses africaines et peut se traduire par exemple à long terme par des phénomènes bien ancrés comme la dépigmentation de la peau et le port de faux cheveux lisses que nous observons partout en Afrique Noire.

Et voilà pourquoi la Culture et l'Art sont des enjeux majeurs de souveraineté en Afrique et partout ailleurs.

Comme dit Koyo Kouoh Camerounaise commissaire d'exposition *« l'art est politique, même si les gouvernements et les sociétés africaines ne le perçoivent pas comme tel ».*

Et les occidentaux sont de plus en plus subjugués par l'Art moderne africain. Il y a de plus en plus d'expositions consacrées à l'Art contemporain africain en occident de New York à Paris en passant par Londres ou Porto, et elles rencontrent de grands succès.

Par certains aspects, l'Afrique est la « *Chine de demain* » dans le secteur artistique disent-ils.

La bonne nouvelle est que les acheteurs des ventes dans certaines grandes galeries à Londres sont en grande partie originaires d'Afrique, de nombreux collectionneurs sont de très riches hommes d'affaires Nigérians… Les collectionneurs Nigérians veulent posséder un peu de leur culture et de leur passé et ils en ont les moyens financiers.

J'aimerais en dire autant de tous les Africains qui doivent être les premiers à apprécier et à s'approprier notre Art, et donc à le subventionner…

La promotion et la définition de l'Art Africain par les Africains eux-mêmes sont-elles possibles en dehors de toute promotion de l'ART et de la Culture dans un système organisé et proactif au plus haut niveau en Afrique ?

La réponse est non, mais on peut être optimiste, il y a de plus en plus de musées, des structures, des festivals ou biennales comme le Dak'Art dans les pays Africains, permettant aux artistes de commencer à construire leurs propres critères esthétiques et éthiques. De plus en plus de commissaires d'exposition ou directeurs de biennale africains œuvrent en Occident et on peut également noter l'augmentation du nombre de collectionneurs Africains, souvent anglophones d'ailleurs…

L'Afrique s'est dotée de centres d'Art contemporain, des Festivals ou biennales sont organisés sur le continent.

La situation sur le continent africain où, à l'exception de l'Afrique du Sud, le marché intérieur est encore trop restreint pour soutenir les artistes et favoriser la mise en place d'une infrastructure de marché.
D'un point de vue économique, l'Art contemporain africain présente tous les traits d'un marché émergent. Les initiatives se multiplient, la créativité est intense, et les prix restent encore très abordables.
De ce fait, pour les collectionneurs, c'est le moment d'entrer sur ce marché.
Collectionneurs Africains, entrez, nombreux dans la danse !

PRENEZ VOTRE POUVOIR !

LA PRISE DE POUVOIR

Il faut rompre définitivement avec les analyses pessimistes certes pertinentes ou réalistes, **mais non suivies de propositions réelles et d'actions concrètes, constructives, applicables, fiables et efficaces.**

Tous les chapitres précédents vous ont incités à réaliser une prise de pouvoir idéologique, moral et spirituel sur votre PROPRE ESPRIT, VOTRE MENTAL, une prise de pouvoir informationnel et politique sur les systèmes qui régissent VOTRE VIE !

Maintenant, il faudra passer à la prise du pouvoir CONCRET.

Beaucoup de jeunes se croient sans avenir, alors qu'ils sont juste sans objectif.

La prise de pouvoir direct

La prise de pouvoir direct sur votre environnement et dans votre quotidien, partout et en permanence, vous mêler de ce qui vous regarde, de toujours revendiquer vos droits, d'accomplir vos devoirs également et d'oeuvrer pour le bien commun au lieu de penser au bien individuel et égoïste

- **Chez soi** (prendre des responsabilités dans la maison familiale déjà peut forger un caractère de leader, faire les courses, aider à faire les comptes, s'impliquer dans la gestion du foyer, des problématiques diverses et variées, faire des réparations, aider ses frères et sœurs plus jeunes à faire leurs devoirs, etc…)
- **Dans son quartier** (revendiquer un espace propre et montrer l'exemple en nettoyant par exemple avec ses amis les espaces du quartier, aller voir le chef de quartier pour

proposer son aide sur divers aspects, prendre part à la vie du quartier, etc…)

- **Dans sa cité, sa région ou son pays** (revendiquer ses droits, accomplir ses devoirs de citoyen, militer pour des causes justes, se présenter à des élections, etc…).

La prise de pouvoir analytique

Il faudra bien sûr savoir que tout ne peut changer du jour au lendemain et que pour cela des étapes sont nécessaires.

- La décolonisation mentale ou la déprogrammation ou *désallienation* de l'esprit des jeunes Africains face aux enjeux de la néocolonisation de l'Afrique.
- La promotion de l'estime de soi, via la réappropriation des valeurs et traditions africaines, pas forcément pour les ré-adopter complètement mais pour y puiser d'autres voies plus en adéquation avec notre paradigme et surtout ne plus avoir honte de ce que nous sommes.
- L'incitation des citoyens africains à s'engager politiquement ou socialement et à opter pour un esprit nouveau, optimiste et positif, volontaire, plus orienté vers l'action constructive par l'impulsion d'une nouvelle conscience.
- L'accompagnement en créant des organisations ou entités apportant les informations, les expertises, les outils, les méthodes, les propositions, en réalisant ou en aidant à la réalisation de certaines actions concrètes et indispensables dans tous les domaines.
- La recherche de tous les outils, méthodes et processus, fonctionnels ou technologiques, modernes ou traditionnels, connus et expérimentés avec succès et efficacité par l'Humanité partout sur la planète (je pense par exemple au Brésil, à Cuba, etc…) et dans tous les domaines, les étudier si possible afin de les adapter et d'aider à leur mise en

œuvre avec pragmatisme partout en Afrique, dans la concertation et le respect de notre authenticité.

- Lister tous nos besoins et les produits que nous consommons à outrance et qui viennent hors d'Afrique
    a. Nos tissus (le wax est produit en Hollande alors qu'il fait la fierté des Africains qui ne font que le consommer malheureusement au lieu de le produire)
    b. Nos cheveux (je ne parle pas des cheveux lisses indiens ou brésiliens, je parle de nos rajouts pour les tresses traditionnelles car de tout temps, nos grands-mères utilisaient de la laine teintée ou d'autres produits)
    c. Le riz (nous en consommons beaucoup et maintenant on nous parle de riz plastique venant de chine, c'est grave)
    d. Le pain à base de mil est délicieux et meilleur pour la santé
    e. Nos cosmétiques (le karité et d'autres huiles essentielles issus de nos terroirs doivent être transformés chez nous). Mon amie le Dr Aisha Conté est un bel exemple avec ses produits *Nyara.*
    f. Notre santé (nos remèdes traditionnels sont repris, brevetés et industrialisés par l'industrie pharmaceutique mondiale)
- L'incitation de la production à grande échelle et la consommation des produits locaux africains.
- L'arrêt total de l'accaparement des terres par les multinationales de l'agroalimentaire (former des associations, parcourir les campagnes, informer et former les villageois, alerter et se battre pour empêcher les expropriations)
- La promotion d'une agriculture biologique en se réappropriant nos terres en jachère et la production d'une alimentation saine.

- La promotion et la défense (Brevets) de nos médecines traditionnelles
- La promotion et la défense (droits intellectuels, labels) de notre art, de notre artisanat, de nos stylistes (sans cesse plagiés et pillés à outrance dans les défilés de mode de la planète, les musées, les expos huppées de design, etc.), création d'un LABEL sérieux Made in Kama ou Katiopa, etc...

La prise de pouvoir méthodologique et structurel

Il faudra appliquer systématiquement pour chaque domaine, une démarche :

1. Bilan rigoureux et exhaustif par des experts du domaine concerné
2. Concertation des acteurs du domaine avec une grande aptitude d'écoute
3. Élaboration de solutions concrètes et pragmatiques
4. Actions et réalisation des solutions
5. Promotion et vulgarisation
6. La diffusion des informations vitales pour les Africains dans le domaine ou le secteur concerné, cela s'appelle le partage et la capitalisation des expériences pour que cela profite à toute la communauté.

Chaque jeune lecteur de ce livre peut trouver dans cette liste ci-dessus quelque chose de concret à faire et même la compléter par d'autres actions car cette liste n'est pas exhaustive…

Et avec un site internet on peut beaucoup, pour pas très cher…

L'INTERNET EST VOTRE CHANCE !

Voici des extraits d'une conférence que j'ai donnée à plusieurs reprises, au Monument de la Renaissance en octobre 2015, dans le cadre des *RVs de l'Afrique Consciente* et également dans le cadre des *Samedis de l'économie* de mes amis Moussa Dembélé et Ndongo Samba Sylla en juin 2016 et en novembre 2016 dans le cadre du SILA (Salon International du Livre d'Alger).

Le numérique en général

L'Afrique commence à prendre sa place dans cette nouvelle ère numérique et dans ce réseau de distribution mondial que représente INTERNET, une opportunité de stocker notre mémoire, les livres, littéraires, scolaires, universitaires ou les œuvres d'art, de cinéma, ou encore la transmission de nos langues africaines ou de nos traditions à l'instar des autres continents et des autres cultures.

À la question, doit-on avoir peur d'Internet, la réponse fournie par Michel Serres, philosophe et historien des sciences est :
La seule façon d'aborder les conséquences de tous ces changements, c'est de suspendre son jugement. Les idéalistes voient un progrès, les grognons, une catastrophe. Ce n'est ni bien ni mal, ni un progrès ni une catastrophe, c'est la réalité et il faut faire avec.

De plus le virtuel est vieux comme le monde car les personnages littéraires ont toujours été virtuels, les nouvelles technologies ont accéléré le virtuel mais ne l'ont en aucun cas créé.
La vraie nouveauté, c'est l'accès universel aux personnes avec Facebook, aux lieux avec le GPS et Google Earth, aux savoirs avec Wikipédia. Rendez-vous compte que la planète, l'humanité, la culture sont à la portée de chacun...

Même s'il faut souligner qu'Internet peut être aussi dangereux sans filtrage, c'est un grand catalogue où l'on ne distingue plus l'erreur de la vérité. Donc il est dangereux pour un enfant de s'instruire et de se cultiver seul sur Internet qui doit rester un instrument avec un usage enseigné et accompagné.

D'ailleurs, les adultes non plus ne doivent pas s'y aventurer sans un solide sens critique.

L'Internet est une chose incroyablement spectaculaire, et seulement maintenant — après tant d'années — nous comprenons son pouvoir. Avec Internet, le monde est ouvert, les barrières tombent, la séparation se termine, l'unité démarre, la collaboration explose, l'aide apparaît.
Internet met à bas le contrôle de masse. Les grands groupes médiatiques qui contrôlent l'actualité et publient ce qu'ils veulent que nous lisions ne sont plus les seules sources d'information. Vous avez accès à ce que vous voulez. Vous vous attachez aux personnes que vous voulez. Vous explorez partout où vous voulez.
Avec l'avènement de l'Internet, le petit n'est plus sans voix. L'anonyme devient reconnu. Le monde se rassemble. Et puis, le système peut tomber.

L'innovation doit être une priorité en Afrique et le numérique nous offre une belle opportunité d'innover à moindre prix et cerise sur le gâteau, d'avoir le monde entier comme marché de prospection.

De nombreux jeunes diplômés et professionnels, qui ne parviennent pas à intégrer le marché du travail, décident de se réinventer et se dirigent vers le secteur du numérique pour des raisons économiques (le coût de création d'une entreprise dans le secteur est faible).

J'ai repris beaucoup d'articles de ce type dans la Revue des bonnes nouvelles d'Afrique il y a quelques années…

Et nos bibliothèques ne brûleront plus

Tout le monde connait la fameuse phrase d'Amadou Hampâté Ba, dans le *Sage de Bandiagara,* cette phrase célèbre : « *En Afrique, quand un vieillard meurt, c'est une bibliothèque qui brûle* ».

Cette affirmation visait à souligner la domination de la culture de l'oralité par rapport à celle de l'écrit, celle-ci ayant le don de mieux conserver et transmettre les connaissances.
L'Afrique, dans le passé, n'ignorait pas l'écriture. Cependant, c'est l'oralité qui était la forme principale de transmission du savoir et des connaissances. Ce qui explique que les vieilles personnes étaient les dépositaires du savoir et des connaissances accumulées par les sociétés africaines.

Maintenant avec l'avènement du numérique, les sociétés africaines ont la possibilité de conserver et de transmettre les connaissances autrement que sur le mode de l'oralité.

Mais d'une certaine manière lorsqu'un vieillard meurt, cela équivaudra toujours à une bibliothèque qui brûle, car l'importance que l'Afrique accorde à ces Anciens, reste intacte, mais ce ne sera plus une mémoire qui s'éteint, notre puissance mémorielle, notre pouvoir d'archivage et d'immortalisation de notre culture existent désormais grâce à Internet qui est aussi une forme de littérature orale, où beaucoup de choses s'envolent, mais l'éditeur empêche les plus importantes et les plus belles d'entre elles de disparaitre.
Alors nous pouvons quand même dire que nos bibliothèques ne brûleront plus grâce au numérique.

Mais attention, il y a des vieillards qui ne transmettent pas facilement ce qu'ils ont dans le ventre... Et là, la bibliothèque continue de brûler... je pense à toute notre culture initiatique aux fins fonds des forêts africaines, à la transmission de notre spiritualité authentique et profonde incluant des codes oraux ou physiques de civilisations anciennes.

Mais pour être complet, il faut aussi dire que l'âge comme critère de respect et d'obéissance n'a pas de valeur si beaucoup de nos ainés ne sont en rien des modèles éthiques notamment dans le domaine politique ! Et toc…

Il y a aussi des vieillards qui sont des bibliothèques vides. On en parle pas souvent...a ajouté un jeune impertinent en commentaire de l'un de mes statuts sur Facebook. J'aime l'impertinence de la jeunesse décomplexée ! Rires.

L'écriture numérique marque-t-elle un renouveau de l'oralité ?

Je me permets de faire le parallèle entre l'écriture numérique, et l'oralité, qui en Afrique a occupé et continue d'occuper un rôle important.

Il y a eu 2 grandes révolutions : le passage de l'oral à l'écrit, puis de l'écrit à l'imprimé. La troisième est le passage de l'imprimé aux nouvelles technologies, tout aussi majeure.

Je me permets donc de dire que la boucle est bouclée avec cette 3e révolution, d'un retour dans une quasi-oralité avec Internet.

Les Africains devraient être avantagés sur internet car étant de plain-pied dans l'oralité depuis toujours.

Dans le conflit entre livre imprimé et livre numérique « *l'oralité peut être le troisième larron de la fable, précisément grâce aux technologies de diffusion du savoir les plus modernes* » nous dit Boubacar Boris Diop.

Et il ajoute : « *la meilleure façon de réconcilier les positions, c'est le livre audio, donc l'oralité. Pour le continent africain, en tout cas, de formidables possibilités existent. Vous prenez l'exemple d'un village du sud du Sénégal où tout le monde comprend le Diola, aussi bien les enfants que les vieillards. N'importe quelle œuvre de fiction dans cette langue partagée peut être écoutée collectivement et il n'est pas, à mon avis, de meilleurs moyens de démocratiser les émotions littéraires.* »

Et le cinéma peut aussi devenir un moyen de communication populaire à but éducatif, grâce notamment aux nouvelles technologies portables et numériques.

À ce titre, j'aimerais beaucoup voir le magnifique film documentaire de Ousmane William Mbaye, Kemtiyu Sèex Anta sur la vie de Cheikh Anta Diop, être visionné dans les villages, le soir venu sous l'arbre à palabre. Ce serait vraiment grandiose et la boucle serait vraiment bouclée car cet homme, c'est sûr, fait partie de la cohorte de nos Ancêtres qui veillent sur nous de l'au-delà, c'est-à-dire ici et maintenant ! L'Afrique pourra désormais s'en sortir car les Africains seraient de nouveau connectés à leurs émérites Ancêtres !
[…]
Et pour terminer, il faudrait juste résoudre les écueils de la méfiance par rapport aux paiements par Internet (sécurité des coordonnées) des Africains qui manquent de cartes ou moyens de paiement bancaire, ces écueils peuvent être contournés en innovant et en collaborant avec des entreprises de transfert d'argent et des nouveaux moyens de paiement par téléphonie mobile qui se développent partout en Afrique à la vitesse grand V.

SOYEZ VOS PROPRES PATRONS !

La jeunesse africaine ne doit plus attendre un quelconque emploi de l'État ou des entreprises, car il y en a de moins en moins de disponibles, les jeunes diplômés chômeurs sont si nombreux, le peu d'emplois disponibles ne s'obtiennent que par recommandation, cooptation ou clientélisme politique !
Cette situation difficile accroit le nombre de jeunes voulant absolument migrer en *oxydent*.

Ma conviction profonde est que si ces jeunes candidats à l'immigration dépensaient un tiers de l'argent nécessaire à cette aventure risquée qu'est l'immigration, clandestine ou non, s'ils mettaient un tiers de l'énergie incroyable ou de l'ingéniosité déployée, dans la création de leurs propres entreprises en Afrique, elles seraient nombreuses et florissantes !

Les ministères de la Jeunesse sont des leurres, les ministres en général ne font pas le travail spécifié par leur portefeuille, à peu d'exceptions prés, d'ailleurs souvent certains ne connaissent rien au domaine concerné, donc il n'y a rien à attendre de ce côté-là, surtout pas des emplois pour les jeunes !

La jeunesse africaine doit donc comprendre que se lancer dans l'entrepreneuriat est devenue sa seule option.
Et vous pouvez commencer selon vos moyens même avec 5000 f cfa, vous pouvez faire un projet de 5000 f cfa. Si ce projet est viable et rentable, vous pouvez gagner ensuite 10 000F et puis 15 0 00 F, 20 000 et ainsi de suite…
Il vous faut apprendre à être indépendant en créant votre propre entreprise !

Beaucoup de personnes ayant de grandes entreprises ou des commerces florissants ont commencé dans la rue, et ont grossi petit à petit !
Il faut avoir la bonne idée qui peut être rentable ! Pour cela l'internet aussi doit être exploré, vous pouvez créer un site de vente, vous pouvez proposer un service et ô miracle, avoir accès à une clientèle mondiale sans bouger de chez vous !

Je redonne cet exemple déjà évoqué plus haut :
En 1976, avec un capital de 60.000 f cfa, le jeune sénégalais Babacar NGOM âgé à l'époque de 21 ans, débutait avec un élevage de 120 poussins. SEDIMA possède aujourd'hui une capacité de chargement de 17 472 000 œufs/an pour une production annuelle de 14.560.000 poussins. Il s'est développé pour atteindre un capital de 2 milliards de FCFA.

L'entreprenariat peut comporter des risques et demander de gros efforts humains donc il vous faut être encore plus concentré que pour n'importe quel autre travail car les enjeux sont plus importants pour vous !

Vous devez faire un choix clair et vous y tenir et maintenir le cap vers vos objectifs contre vents et marées.

Vous avez de la valeur, ne laissez personne vous dire le contraire !

C'est une lutte contre soi-même, contre les autres qui veulent vous décourager, contre votre paresse naturelle, mais la victoire est possible !

Ne laissez personne vous détourner de votre but final en émettant des doutes sur vos capacités, ou réduire vos rêves à une chimère irréalisable.

Soyez courageux, ne lâchez jamais le morceau, soyez créatifs et constants dans l'effort et surtout patients ! Car le succès ne viendra jamais d'un seul coup mais étape par étape, palier par palier !

C'est un risque mais prenez-le, la victoire est au bout !

Domptez vos peurs

Si j'avais eu peur, je ne serais jamais allée vivre à Abidjan à 21 ans à peine (étant du Sénégal), résultat, heureuse pendant 1 an et demi ! Les voyages forment la jeunesse !
Si j'avais eu peur, je ne me serais jamais allée vivre à Paris à 22 ans, résultat, une vie très riche dans tous les sens du terme pendant plus de 20 ans...
Si j'avais eu peur, je ne serais jamais devenue consultante INDÉPENDANTE à 30 ans à Paris, ce mot faisait peur à lui tout seul, les parisiens eux-mêmes avaient peur du manque de contrat et voulaient tous être salariés pour garantir un revenu, résultat, je n'ai jamais manqué de contrat même pour un seul jour et mes revenus étaient 3 fois plus élevés que ceux des salariés de mon niveau...
Si j'avais eu peur, je ne serais jamais allée vivre à l'île de la Réunion, sans travail, contre l'avis de tous en abandonnant ma vie confortable parisienne, résultat, j'ai vécu l'une des périodes les plus heureuses de ma vie là-bas pendant 8 années...
Si j'avais eu peur, je ne serais jamais rentrée au Sénégal avec armes et bagages en 2009, résultat, j'ai créé un cabinet de consultance et cela m'a permis de côtoyer les entreprises sénégalaises et de savoir à quoi m'en tenir sur les pratiques...
Si j'avais eu peur, je ne serais jamais allée vivre à Montréal, résultat, j'ai osé changer radicalement de métier là-bas, le froid porte conseil (rires) et j'ai créé ma maison d'édition et j'ai réfléchi à une stratégie pour consolider mon engagement pour l'Afrique pendant un an et demi...

Si j'avais eu peur, je ne serais jamais rentrée définitivement au Sénégal en 2012, bien décidée à m'engager et avoir mon mot à dire, pour développer ma maison d'édition, créer des ateliers d'écriture, m'engager dans la lutte contre la mendicité des enfants et devenir conférencière et activiste panafricaniste en conscientisant la jeunesse !

CHAQUE FOIS, JE N'AI EU AUCUNE PEUR, J'AI SUIVI MON INSTINCT ET CE QUE ME DISAIT MON COEUR ET IL NE S'EST JAMAIS TROMPÉ !!!

Vous êtes jeunes, vous avez une belle vie devant vous, arrêtez d'avoir peur, faites des choix clairs à chaque instant et une fois ce choix effectué, travaillez dur et avec passion pour réaliser vos rêves !!! Sans jamais vous décourager...

CROYEZ EN VOUS DE MANIÈRE INÉBRANLABLE

Le profil de l'optimiste

J'ai la foi, je suis sûr de ce que je dois faire. Je n'ai pas besoin d'espérer pour entreprendre, ni de réussir pour persévérer.

À L'ACTIF DE L'OPTIMISME, IL FAUT AJOUTER LE SENS SOCIAL. Celui-ci est la capacité que possède l'individu susceptible de s'intéresser aux autres, de se mêler volontiers à eux, de leur être utile. Son âme communique intimement avec l'âme des autres. Il sait faire naître le bonheur autour de lui. Il sait se faire aimer. Il possède l'instinct de solidarité, de courtoisie. Chez lui naît aisément l'esprit d'équipe, sans lequel l'homme actif ne fait rien d'efficace dans la société actuelle.
L'esprit d'équipe donne au supérieur l'âme du chef. Il le fait s'intéresser à ceux qui collaborent avec lui. Il lui permet de choisir parmi les êtres qui l'entourent les sujets capables de jouer un rôle en vue d'un but déterminé. Lui-même, le chef, occupe le centre de l'action, il crée le dynamisme d'une situation. Que l'on soit chef d'équipe, ou simplement subordonné, que l'on joue un rôle de conducteur ou que l'on occupe une situation plus modeste, pour réussir en équipe, il faut être dépourvu de l'esprit d'égoïsme, d'égocentrisme. Il faut, au contraire, faire confiance aux autres autant qu'à soi-même. Il faut avoir l'âme souple, l'esprit de justice, le sens des valeurs.

L'ESTIME DE SOI, je le répète, est un autre élément qui concourt à l'optimisme. J'ai besoin de m'expliquer sur ce point. L'estime de soi est souvent confondue, par les personnes ignorantes des questions psychologiques, avec la vanité, l'orgueil ; or, c'est exactement le contraire. L'homme qui a l'estime de soi est complètement indifférent à l'appréciation que les autres portent sur lui. Son appréciation personnelle lui suffit, du moment qu'il a l'approbation de sa conscience, il est heureux. Pour avoir l'estime de soi, il faut être sûr de faire au mieux de ses facultés. Il faut être certain de donner tout de soi-même, obéir à sa conscience, à son jugement, à son programme. Il faut avoir la volonté de viser intégralement le but à remplir.

Au contraire, celui que mène la vanité tient surtout à l'approbation des autres. Il veut paraître, peu lui importe de faire croire à autrui autre chose que ce qu'il est vraiment lui-même. L'essentiel pour lui est d'obtenir des félicitations, des flatteries.

Texte de Léopold Ndiaye, auteur, philosophe, poète, coach de vie et directeur de Diasporas Noires Formations.

Voici ce que j'avais écrit dans la préface du livre de Léopold Ndiaye « *De l'ombre à la Lumière* » éd. Diasporas Noires.

Extraits :
Léopold NDIAYE est un philosophe-poète flamboyant, il se pose rigoureusement, courageusement toutes les questions existentielles et essaie d'y répondre tout aussi courageusement mais avec humilité, générosité et bienveillance envers le genre Humain.
« La foi est un plongeon dans le noir » disait le philosophe. Mais la question est de savoir qu'est-ce qui peut bien motiver une personne à plonger volontairement dans le noir ? Que trouve-t-on alors dans ce noir ? La vie ou la mort ? La justice ou l'injustice ? Le savoir ou l'ignorance ? Sortira-t-on indemne de ce plongeon ?
[...] nous pensons que la foi est plutôt un plongeon dans la lumière. Avoir la foi, c'est quitter l'obscurité pour plonger vers la lumière. Ainsi, la foi ne devrait pas être comprise sous le seul angle de la religion. Mais il faut avoir une vision plus large, plus ouverte de la foi. Avoir la foi, c'est avoir une conviction forte, inébranlable que quelqu'un ou quelque chose existe, va se passer dans notre vie ou dans la vie tout court. Encore faudrait-il

préciser que nous n'avons pas besoin de voir cette chose ou cette personne pour avoir foi en elle.
[…] *Avoir la foi c'est ouvrir son cœur aux bienfaits de l'existence, c'est aller à la découverte du caché, de l'incompréhensible et de l'invisible. […] La foi c'est aller au-delà du simplement acquis, c'est traverser la rivière de la raison sur une barque d'audace pour aller aux limites des berges du savoir et palper le néant dans toute sa splendeur.*

SOYEZ AFROPTIMISTES

ET SI L'AFRIQUE ÉTAIT UNE GROTTE ?

Imaginons, imaginez

Nous étions dans une pièce obscure
Durant des éons de temps
C'était les ténèbres, l'obscurité
On ne pouvait rien voir, ni devant, ni derrière

Nous nous heurtions les uns aux autres
Nous ne savions pas où était située la porte
C'était effrayant, nous ne pouvions pas nous voir
Nous ne savions pas qui était qui
Qui était bon et qui était méchant

Nous nous accrochions à nos plus proches voisins
À nos parents, nos enfants, nos amis
Nous nous tenions par les mains
En aveugle et comme ça
Nous essayions de nous protéger des autres

Des monstres faisaient régner la terreur
Eux savaient où était la porte de sortie
Mais ne voulaient surtout pas qu'on le sache
Et ce fut ainsi durant des siècles et des siècles

Et un beau jour quelqu'un a trouvé la porte
Et il est revenu avec une chandelle
Au début, cela ne créa pas beaucoup de lumière
Mais cette petite lumière a eu une grande portée
Dans cette obscurité pourtant si opaque

Et MAINTENANT
Nous commençons à voir

Faiblement autour de nous
On peut enfin voir les personnes autour
Ils sont comme nous dans un état de peur
Et on cesse de se tenir les mains
Et on se regarde, on regarde autour
On commence à baisser notre défense
Car les monstres aussi, on les voit
Enfin on peut se défendre

Beaucoup réclament d'autres chandelles
Le feu de la chandelle se propage de mains en mains
En l'espace de quelque temps, il y a encore plus de lumière
De nouvelles chandelles se dispersent dans tous les coins
Afin d'éclairer les parties les plus sombres de cette pièce

Et on y découvre des montagnes d'immondices
Les cheveux des gens sont hirsutes et sales
Leurs peaux craquellent sous toute cette crasse
Les maladies, les plaies béantes, les excréments
Tout se découvre dans cette clarté
Et toute cette laideur fait peur
Mais au moins on la voit
Et on peut enfin la combattre

MAINTENANT
Mettons-nous au travail
Il va falloir nettoyer cette pièce
Restée si longtemps dans les ténèbres
Il va falloir nettoyer cette crasse, cette puanteur
Il va falloir sortir se baigner dans les rivières
Et se sécher au soleil triomphant

Les monstres sont vus et connus
Ils ne peuvent plus se cacher
Dans cette lumière aveuglante

Nous savons qui est qui
Et nous les combattons

Et avec toute cette lumière,
La peur fond comme neige au soleil
L'obscurité disparaît peu à peu
Disparaîtra totalement BIENTÔT

Lumière pour nos frères et sœurs tombés dans cette pièce obscure
Pensée pour nos frères et sœurs engloutis dans cet océan d'immondices
Justice pour nos frères et sœurs tombés sous les coups des monstres
Paix pour nos frères et sœurs qui n'ont pas pu voir la lumière se lever

ET MAINTENANT
L'avenir est lumineux, j'y crois fermement !!!

Chers Africaines et Africains

Malgré tout, la Lumière est là et c'est grâce à elle que toute cette saleté est enfin visible !
Ne pensez pas qu'il y en a plus qu'hier, elle est juste plus visible !
Ils ne peuvent plus se cacher, cacher leur laideur, leurs méfaits

KAMA est au cœur des manigances de prédateurs de toutes sortes qui savent que leur dernière heure est là !

Les dragons se débattent avec la dernière énergie car ils savent que plus jamais l'obscurité ne régnera sur Kama…
Le monstre ne veut pas mourir, met du temps à mourir, son agonie décuple ses dernières forces…

MAIS C'EST LA FIN !

FIN DE L'ÈRE BONGO-PING-OUATTARA-MACKY-ETC
FIN DE L'ÈRE FRANC-A-FRIC-CAINE ET NEOCOLONIALE
FIN DE L'ESCLAVAGE REEL OU MENTAL DES AFRICAINS
FIN DU MÉPRIS ET DE L'*ALLIENATION*

THE END !

SOYONS CONFIANTS,
CONTINUONS LA CONSCIENTISATION DE NOTRE PEUPLE
GARDONS LE CAP
NOUS VAINCRONS !

COMMUNIEZ AVEC L'HUMANITÉ !

Seigneur je suis très fatiguée,
Je suis née fatiguée
Et le morne est bien haut qui mène
A l'Amour Fraternel entre les êtres humains...

(Inspirée de la Prière d'un petit enfant nègre de Guy Tirolien)

L'Humanité est UNE, même si chaque peuple possède sa marque, ses valeurs, sa culture, sa spiritualité, son authenticité, et son libre arbitre. Nous comptons promouvoir les valeurs et l'authenticité africaine tout en étant bien ancrés dans notre communauté Humaine et Fraternelle.

« Le retour à soi est une clef pour ouvrir les portes de l'Humanité. » Kemi Seba.

Je laisse encore et toujours au Capitaine bien-aimé Thomas Sankara le dernier mot :

« Nous avons le devoir aujourd'hui de créer le front uni d'Addis-Abeba contre la dette. Ce n'est que de cette façon que nous pouvons dire aux autres qu'en refusant de payer la dette nous ne venons pas dans une démarche belliqueuse, au contraire, c'est dans une démarche fraternelle pour dire ce qui est.

Du reste, les masses populaires en Europe ne sont pas opposées aux masses populaires en Afrique mais ceux qui veulent exploiter l'Afrique, ce sont les mêmes qui exploitent l'Europe; nous avons un ennemi commun. Donc notre club parti d'Addis-Abeba devra également dire aux uns et aux autres que la dette ne saurait être payée. »

Message aux masses populaires occidentales

L'antikamitisme n'est pas une opinion mais un délit
Le paternalisme n'est pas une opinion mais un délit
Le mépris éternel n'est pas une opinion mais un délit
La discrimination n'est pas une opinion mais un délit
La condescendance n'est pas une opinion mais un délit

Le peuple africain qui se fait exploiter, piller, spolier de ses révolutions, torturer, tuer, traiter plus bas que terre, sur le sol africain et ailleurs et depuis des lustres, n'a pas vocation en plus à écouter vos délires sur le fait *« qu'il pourrait s'en sortir s'il le voulait, et que c'est parce qu'il ne veut pas, qu'il est idiot, paresseux, qu'il se fait pourtant aider par la france, et patati et patata, etc.... »*

Un peu de décence...

Nous n'avons pas vocation à essayer de vous informer tout le temps de toutes les forfaitures de la *france à fric*, quittez vos écrans de télévision qui lobotomisent certains et informez-vous...

Il est temps que les MASSES POPULAIRES OCCIDENTALES s'intéressent de près à la géopolitique ou géostratégie mondiale et demandent des comptes à leurs dirigeants sur tous les crimes qu'ils commettent en leur nom partout dans le monde au lieu de croire religieusement tout ce qu'ils racontent.

Il est temps de se poser des questions : par qui le terrorisme est-il financé ? À qui profite le crime ? Arrêtez de vous bander les yeux et de vous boucher les oreilles, arrêtez de leur donner carte blanche sans savoir ce qu'ils en font...
Instruisez-vous avant qu'il ne soit trop tard !

CE N'EST PLUS LE TEMPS DE LA PARESSE INTELLECTUELLE

Ici je me dois de rendre hommage à tous ces Français, Européens, Québécois, qui me suivent assidûment sur ma page FB, qui me soutiennent constamment et sont souvent plus virulents que moi contre leurs élites, ils sont des centaines et combattent les crimes et forfaitures de leurs gouvernements, ils essaient de conscientiser leurs semblables sur les injustices et horreurs infligées aux autres peuples en leurs noms.

Merci Flora (ma sœur réunionnaise très engagée sur tous les plans), Olivier (grand défenseur des Africains, des Palestiniens, mon garde du corps 2.0, mon vidéaste et monteur), France (Une vraie Marianne qui se préoccupe des droits de ses semblables hors de France !), Kate (la traditionnaliste Casamançaise), Michelle (toujours présente), Danielle (une panafricaniste blanche, une longue histoire d'amitié entre elle et moi), Cathy (la sœur Sénégalaise dans l'âme), Géraldine (combattante courageuse contre *la france à fric*), Mathieu (toujours présent !), encore un Olivier, Bruno, etc…
Je ne peux tous les citer, ils sont si nombreux ! Merci pour votre amitié, c'est votre virulence contre les gens qui vous gouvernent, qui apporte la preuve que je ne suis ni raciste, ni nationaliste, juste éprise de justice pour mon peuple qui n'a que trop souffert des agissements de ces oligarques qui asservissent le monde…

Il est grand temps pour tous les peuples de la Terre d'arrêter d'ingérer tout ce que les *merdias* financés par le grand capital nous donnent comme fausses informations et autres propagandes de division et de peur, et de nous connecter aux médias alternatifs et aux journalistes, hommes et femmes courageux qui prennent des risques inouïs afin de nous livrer les bonnes informations...

IL EST PLUS QUE TEMPS !!!

UN AUTRE MONDE EST POSSIBLE !!!

MESSAGE A L'OLIGARCHIE MONDIALE
FOUTEZ LA PAIX AUX PEUPLES DE LA TERRE !!!
LAISSEZ LES GENS VIVRE DANS LEUR HUMANITÉ ET LEUR AMOUR !!!
ARRÊTEZ DE FAIRE LA GUERRE ET DE RÉPANDRE LA MORT ET LA HAINE PARTOUT !!!

IL EST TEMPS !

Le temps où les dirigeants pompiers-pyromanes doivent rendre des comptes est venu, ce temps est déjà là depuis bien longtemps, trop longtemps, pourquoi leur accordons-nous encore et encore du sursis et du crédit ? Parce qu'ils nous tiennent par la peur et nous inoculent une propagande de division sans merci, largement diffusée par leurs *merdias* planétaires.

Il faut prendre conscience qu'on nous élève dans la peur (la peur de Dieu, la peur d'être idiot à l'école, la peur d'être différent, la peur de la pauvreté, la peur de tomber malade, la peur de ne pas être comme la société le veut, la peur de ne pas être aimé, la peur de perdre son travail, etc…) qu'on nous inocule l'obéissance, l'acceptation de la matrice (ou la cage du zoo évoqué plus haut) qu'ils ont construite pour nous depuis la naissance !

Ces chaines sont là pour nous enchainer dans leur concept vicieux néolibéral « travaille, consomme et tais-toi ».
Et cela depuis des milliers d'années !

Débarrassez-vous de la peur, n'ayez pas peur de paraitre anti-social !

« Les fous, les marginaux, les rebelles, les anti-conformistes, les dissidents...tous ceux qui voient les choses différemment, qui ne respectent pas les règles. Vous pouvez les admirer ou les désapprouver, les glorifier ou les dénigrer. Mais vous ne pouvez pas les ignorer. Car ils changent les choses. Ils inventent, ils imaginent, ils explorent. Ils créent, ils inspirent. Ils font avancer l'humanité. Là où certains ne voient que folie, nous voyons du génie. Car seuls ceux qui sont assez fous pour penser qu'ils peuvent changer le monde y parviennent. » Jack Kérouac dans Sur la route.

Tous les êtres humains doivent se lever

Il va falloir se réveiller pour faire partie des futurs *« justes »* de cette planète... Les êtres humains contre l'Oligarchie !
Il est temps de choisir son camp !
L'heure des comptes va bientôt sonner...

Les Êtres Humains que nous sommes doivent ENFIN se lever pour CONTESTER leur manière de conduire le monde, en pillant, asservissant, bombardant, méprisant, torturant, tuant, mettant à feu et à sang toute une partie de la planète, le Sud au sens large et l'Afrique en particulier...

Contester cette façon de se servir du terrorisme lorsque ça les arrange pour déstabiliser telle ou telle zone gorgée de gaz ou de pétrole, de plonger dans l'horreur durant des décennies des terres où les sous-sols sont sertis de diamants, etc...
Cette façon de financer et nourrir le terrorisme pour déstabiliser un état récalcitrant...
Cette façon de vouloir imposer leur *démoncratie* sournoise dans certains endroits du globe à des fins de contrôle et de pillage, tout en épargnant les pires dictatures au monde j'ai cité l'Arabie Saoudite et le Quatar, ainsi que leurs pantins-dirigeants africains...

Halte à la manipulation des MASSES au profit du grand capital, des vendeurs d'armes, des prédateurs et esclavagistes de cette planète !

Cette façon de conduire le monde ne mènera l'Humanité à rien de bon et NOUS LE SAVONS TOUS TRÈS BIEN AU FOND DE NOUS !

RÉVEILLONS-NOUS au lieu de foncer tête baissée dans les divisions de telles ou telles catégories d'êtres humains !

L'Humanité avance

Comment expliqueriez-vous le réseau Internet à une personne qui ne connaît pas encore l'électricité et l'électronique ? Où commenceriez-vous vos explications ?

Comment dialoguer d'une manière sensée et élégante, au sujet des moteurs de voitures de course, dans une civilisation où la roue n'a pas encore été inventée ?

Bonnes questions non ?

L'humanité est au cœur d'une succession d'évolutions INCROYABLES-INCREDIBLES-AMAZIIIIING, quand on les observe chacune de 200 ans seulement en arrière...

Moi je dis que cela pousse à l'OPTIMISME et voilà pourquoi je suis MONDOPTIMISTE ET AFROPTIMISTE !!!

ON AVANCE qui oserait dire le contraire ?

DU MÊME AUTEUR

ROMAN

DIOR - Le bonheur volontaire
Mame Hulo
Édition Diasporas Noires 2011 (156 pages)

TABLE DES MATIÈRES